戒のある暮らし

仏教の自分貢献マニュアル

齊藤隆信

法藏館

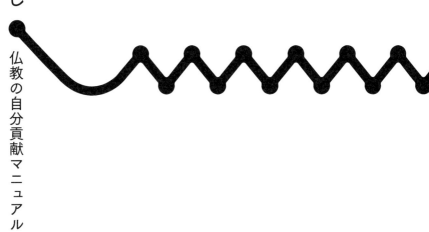

はしがき

皆さんは「戒」と聞いたとき、どのようなイメージを持ちますか？　日本語には「警戒」「厳戒」や「戒厳令」「懲戒処分」など、戒を含む言葉があるので、なにやら厳格で堅苦しいものを想起するのではないかと思います。あるいは自分の考えと行動を制限し拘束する規則や命令のようにイメージするかもしれません。そして、規則や命令であるからには、これを守る義務や責任があって、もし破れば罰が課せられるというイメージを持たれるかもしれません。

しかし、実際の戒とは皆さんがイメージするようなものではありません。難行苦行でもなく、誰かに命じられるような強制的なルールでもありませんし、破ったとしても罰せられることはありません。

戒を生活の中に取り入れると、その人の心は安らかになり、暮らしも穏やかになります。表情は和やかで、喜びに満ちてきます。そのような人を人格者と呼びます。

ただし、その人格者とは世俗的・社会的な人格者ではなく、あくまでも仏教的な人格者です。それは、自らが煩悩を削ぎ落とし、日常的な苦しみ、悩み、不安、恐れなどをなくしていく過程を意味します。仏教が目指すのは悟りです。悟りとは仏教的人格者の究極です。したがって悟りを目指すということは自分貢献することになります。この自分貢献のために最も有効なのが戒の実践に他ならないのです。その意味で、戒とは仏教道徳、すなわち仏教的な善悪の基準とその実践ということになります。

さて、二五〇〇年の仏教の歴史の中では、たくさんの学派や宗派が誕生し、さまざまな戒が提唱されたので、戒の教義と実践もその数だけあると言ってよいでしょう。そのすべてを取りあげることはできないので、本書では大乗仏教の中で最もポピュラーにして、インド、中国、朝鮮半島、日本において重視されてきた「三聚浄戒《さんじゅじょうかい》」を扱いたいと思います。三つ集まった清らかな戒という意味で、とてもよく体系的に整理されています。今もなお継承され実践されているという事実が、この三聚浄戒の精緻さを証明していると言ってよいでしょう。

戒は、これを実践する人の苦しみ、悩み、不安、恐れが除かれ、毎日を穏やかに、いきいきと暮らせるようになります。自分の暮らしを今よりも安心、安全、安穏にすることができるのは自分自身です。ですから副題を「仏教の自分貢献マニュアル」といたしました。

もちろん、戒を実践してすぐさまその効果が現われるとは限りません。しかし、今この機会に自分貢献をはじめることは、将来の自分への投資になります。しかも決して元本割れすることのない確実な投資です。大切な自分を守るべく、自分自身に投資できるのは自分だけです。他人が投資してくれるのを待つほど人生は長くありません。

なお、本書を読み進めていきますと、違和感を持たれる方もおられると思います。その違和感の正体とは、自分がこれまでに学んできた道徳観との差異からくるものです。私は本書において世間的・一般的な道徳観を解説するつもりはありません。あくまでも出世間的・仏教的な道徳観を語りますので、あらかじめご承知おきください。

最後までお付き合いくだされば、きっと何か得るものがあります。そして読み終わった後には、戒の実践の入口に立っている自分に気がつくに違いありません。

原稿の段階から有益なご意見や修正案を提起してくださった法藏館編集部の田中夕子さんには心より感謝申しあげます。

令和五年三月一四日

齊藤隆信

戒のある暮らし　仏教の自分貢献マニュアル　目次

第二節　摂善法戒――善い行為を修める――　115

『スッタニパータ』の訳文は中村元訳『ブッダのことば』(岩波文庫、一九八四年)を、『ダンマパダ』も中村元訳『ブッダの真理のことば　感興のことば』(岩波文庫、一九七八年)を用いた。

戒のある暮らし

仏教の自分貢献マニュアル

第一章　仏教と戒

第一節　そもそも仏教とは?

世界的な人権・平和・幸福

人権が守られること、世界が平和であること、人類がみな幸福であること、これらは誰もが願っていることでしょう。しかし、人権や尊厳は踏みにじられて差別はなくならず、世界のどこかで紛争と戦争が繰り返されています。世界の人々がみな幸福になるのは、まだまだかなり先のことのように感じます。

人類はいったい、いつになったらこれらを実現するのでしょう。私たちは自分の生涯において、これらが実現する瞬間に立ち会い、世界の人たちと喜びを分かち合うことができるのでしょうか。

数十万年とも数百万年とも言われる人類の歴史において、これらのうち一つでも実現された瞬間はあったでしょうか。

また、社会に貢献することは共同体に所属する者の役割でしょうが、自分にはそれができているという自覚はありません。すべての人が世界平和を願って奮闘しても、思いがけない作用によってどこかでいつも紛争や戦争が引き起こされ、多くの人が家を失い土地を追われて苦しんでいます。誰にでも幸福で自由に生きる権利があると言いながら、今なお人権が損なわれ個人の尊厳が侵され奪われ続けています。

今後もこうしたことが議論されるのでしょうが、いつまでたっても一進一退を繰り返すだけで、自分が生きている間にそれらの一つでも実現するとはとても信じられません。

個人的な人権・平和・幸福

さて、仏教は私たちに、「達成できる保証がないことに時間をかけるほど人生は長くない」ということを教えてくれます。どれほど努力しても生身の肉体では鳥のようには飛べませんし、アメンボのように水面を歩くことはできません。たとえ一生涯そのことに時間をかけてもムダです。だから、仏教は自分が置かれた立場を自覚して、その立場の中で自分にできることや、自分にとって成就する価値があると確信できたことを優先する人生観を提起しているのです。

さらには、やみくもに過去を振りかえらず、手の届かない未来の幸福を追い求めません。また、社会や他人に貢献する前に、自分貢献に専念し、世界平和よりも自分平和をめざします。そして他人の人権や尊厳も大切ですが、それよりもまずは自分の人権と尊厳を自分自身で守りきることを説いています。

したがって、仏教は「世界的な人権、平和、幸福」に積極的に関わることはありません。もし積極的に関われば出世間の教えではなくなります。世俗的な問題とは距離をとり、自分の問題を解決することが仏教の存在意義なのです。お釈迦さまは「個人的な人権、平和、幸福」を実現するために家を出て（出家）、世間の常識を超出した教えを説いたのです（出世間）。

また、仏教はすべての人を癒してくれるような都合の良い教えではなく、あらゆる人のいかなる苦悩も排除してくれるような万能薬でもありません。ここで明確に申しあげておきたいのは、仏教は世間で常識として認識されている考えを非常識とみなす教えであるということです。つまり、社会の非常識を提唱している仏教教団は、必然的に「反社会的勢力」であるということなのです。そのことを次に説明しましょう。

真理は残酷

赤ちゃんが生まれると、家族は大きな喜びにつつまれます。家族や親族がかわるがわるに抱っこして、この幼な子が健康で大きく育ち、立派な人になり、幸福な人生をおくり、長生きしてほしいと願ってお祝いすることでしょう。まさに一族は幸せの絶頂にあるわけです。

生後三か月ごろには人の顔を見て笑うようになり、半年を過ぎれば離乳食を食べはじめ、乳歯も見えはじめます。八か月でハイハイし、一歳になればつたい歩きをするでしょう。親戚のおじさんが久々にやって来て、「成長したものだなあ！」と喜んでくれます。

しかしながら、仏教はこのお目出度い雰囲気に水をさします。仏教の教えにしたがえば、赤ちゃんの誕生は決してお目出度いことではないからです。

お母さんが妊娠した時には、「お腹の子は過去世の報いによって、残念ながらこの娑婆・穢土に輪廻してしまいました」が仏教の本音です。生まれた時には、「この子の今後の人生には苦しみしかない」と説きます。一歳になって成長した姿を見たときは、「老化しているではないか」「確実に死に向かっている」となります。

このようなことを赤ちゃんの両親や家族には言えません。言えませんが、すべて否定できない現実です。仏教では、どれほど努力しようとも克服できないことを「真理」と呼びます。生まれること、老いること、病むこと、死ぬこと、この世界のすべてが変化していること、永遠不変の実体などどこにもないこと。これらはみな個人の努力とは無関係な真理です。

その真理はとても残酷です。しかし、仏教は人が聞きたがらないこうした残酷な真理を平気で説くので、とても社会に受け入れられるような教えとは思えません。しかし、ここが肝心なところです。この残酷な真理を聞くことはたしかに苦しみですが、これに耳をふさいで受け入れなければ、もっと苦しむはめになるのです。

仏教の人生観「人生は苦しみ」とは？

仏教の人生観、それは「人生は苦しみ」です。他の宗教だったら、このような悲観的なことは言わずに、もっとポジティブなキャッチフレーズを掲げて元気づけてくれるでしょう。

では、どうして仏教はこのような人生観を打ち出しているのでしょうか？　心が弱っている人に追い打ちをかけるようなこの人生観は、いったいどこからくるのでしょうか？

「四苦八苦」という言葉は仏教用語です。生まれてから死ぬまで、ずっと苦しみの連続であるという意味です。たしかに生まれる時代も地域も選べず、老いたくないのに老い、病みたくないのに病み、死にたくないのに死んでしまいます。これらはみな苦しみ、悩みであり、不安と恐れがともないます。欲しいものが手に入らないこと、そりが合わない人といっしょにいること、大切な人と別離することも辛くて苦しいことです。

しかし、人生はずっと苦しみだけというわけではありません。たまには喜びだってあります。楽しみや幸せを感じることだってあるのも事実です。

たとえば友達といっしょにディズニーランドに行きます。開園と同時にアトラクションをめぐって、時間の経過も忘れて閉園までとことん遊びます。食事も普段は食べない美味しい料理をお腹いっぱい食べて大満足です。ホテルにもどったらふかふかの布団にくるまって朝までぐっすりと休みます。このように一日中楽しく過ごしたとしましょう。

それであっても、仏教が「人生は苦しみ」と言い続けているのは、こうした楽しみも結局、最後は苦しみに帰着してしまうからなのです。

ディズニーランドがそんなに楽しいなら、一生そこで遊び続ければよいでしょう。しかし、もし一か月間、園内に閉じ込められて、同じアトラクションを繰り返し回っていたら、楽しいと感じるでしょうか。どんなに美味しい料理であろうと、毎日三食同じ料理では飽きてしまいます。いくらふかふかの布団でも二四時間も寝ていたら背中や腰が痛くなってきます。

このように、どれほど楽しいことであっても、その楽しみだけをずっと継続したら、それはもう楽しいものではなくなり、耐え難い苦しみに帰着することがわかるかと思います。ですから、人間はその存在そのものが苦しみの凝固体だとしか言いようがないのです。これは誰もが自分の経験に照らせば納得できるはずです。人生は自分の思い通りにはなりません。だから苦しいのです。

したがって、仏教は安易に「幸福になる」などと経験していない未来のことを無責任に説いたりはしません。すでに経験した事実、確実に言えること、論理的なこと、誰も否定できないことだけを提唱します。だから「人生は苦しみ」というのが真実で、否定できない真理であるということになります。

マイノリティに寄り添う仏教

仏教はインドで発生して以来、どの時代のどの地域でもいつもマイノリティ（少数派）を相手にしてきた宗教です。世間の常識に生きづらさを感じ、社会のまっとうな勢力にもなじめなかった人に寄り添ってきたのです。そして「人生は苦しみ」というネガティブなことを言って、大多数の人が聞きたくもないことを説き続けてきました。

では、そのような教えでありながら、二五〇〇年間も伝承されてきたのはなぜでしょう？　これほど非常識な教え（仏教）で、しかも反社会的な勢力（仏教教団）が現在まで生き残れたのはどうしてでしょう？

その答えは簡単です。そのような教えを必要とする人がいたからに他なりません。社会の片隅で声も出せずにひっそりと暮らしているマイノリティーが仏教を心の支えに生き、また仏教は彼らに支えられてきたからこそ、二五〇〇年たった今もその教えは生き残っているのです。

世間一般の常識や価値観の中で生きていたい、そうした生き方のほうが自分の肌に合っていると思う人に対して仏教はほぼ無力です。その反対に、世間一般の常識と価値観に違和感を抱き、生きづらさを感じている人がいれば、そのような人に対しては、出世間の常識と価値観を持って寄り添う役割を果たすことができます。これこそが仏教の存在価値なのです。

仏教は苦しみばかり突き付けてくるので、喜びや楽しみのない陰鬱とした宗教のようにイメージされがちです。たしかにまずは現実の苦を説くことから始まるので、あたかも出口の見えない真っ暗なトンネルに入っていくようなものかもしれません。

しかし、「人生は苦しみ」という真理を受け入れることができれば、次は苦の問題をどう考えたらよいのかときちんと向き合う姿勢がとれるようになります。そして苦しまないようにするにはどうしたらよいか、あるいは背負っている苦しみをいかにおろして楽になるかを考えるようになります。たとえ真っ暗なトンネルでも不退転の覚悟で前に進んでいきますと、必ず出口の光が見えてきます。それが見えた時の喜びや楽しみはとても大きなものです。

やるべきことは今やる

仏教は〈1　やるべきこと〉↓〈2　やれること〉↓〈3　やりたいこと〉の順番で人生航路を構成す

る教えです。これが仏教の生き方の基本になります。この中で決して欠くことができないのが〈1　やるべきこと〉です。いつどこの誰であろうと〈1　やるべきこと〉をやらない人の人生は決してうまくはいきません。

しかしながら、我われは興味関心のおもむくままに、いきなり〈3　やりたいこと〉を優先しようとします。なぜなら、それのほうが楽しくて生き甲斐を感じられるからでしょう。ところがそれは実のところ自分で自分を苦しめることになります。このことを理解するのはとても簡単です。

たとえば、食事をすべきでありながら遊びに夢中になること、睡眠すべきでありながら連日徹夜をすること、治療すべきでありながら傷を放置すること、慈悲をもって人とお付き合いすべきでありながら暴力をふるい殺傷することなどです。

人間にとって絶対にやるべきことはたくさんありますが、それをやらない人の未来には絶望と不幸が待っていることは簡単に想像できます。それなのに多くの人が〈1　やるべきこと〉をやりもせずに、むやみに〈3　やりたいこと〉ばかりに手を出してしまいます。そこに手を出すのは勝手ですが、そのようなことでは何事も成就するはずはありません。

ところで、仏教ではこの〈1　やるべきこと〉を「戒」として理解し提供しています。生き方の基盤である戒を実践する人の人生は、たとえ本人にそのつもりがなかったとしても、必ず安心、安全、安穏なものになってしまいます。ちゃんと食事し、しっかり睡眠し、大ケガをしたらただちに治療し、誰にでも優しく接している人は、本人が望まなくても健康でいられますし、人からも慕われ信頼されるという道理です。

〈3　やりたいこと〉を優先するのは、ちょうど地盤が安定していないのに豪華な家を建てているようなものです。家はしだいに傾いてしまうので安心して住むことはできず、不安・恐れ・疑い・怒りの中で暮らしてゆくことになり、結局は自分が自分に不利益を与えてしまう結果になるだけでしょう。ですから〈1　やるべきこと〉を優先するのです。これは人生を失敗しないための確実で最善の方策です。それができれば〈2　やれること〉へと進み、さらにそれもできたとき、思う存分に〈3　やりたいこと〉をやったらよいのです。

仏教はじめから反社会的勢力

私が勤務していた佛教大学では、学部学科に関係なく全入学生約一五〇〇人を一〇クラスに分け、仏教の開祖のお釈迦さまと浄土宗を開宗された法然《ほうねん》上人の講義が必修科目として課せられています。この二人に共通する精神や生きざまを学ぶことを通して、「世俗的な価値観だけがものごとの考え方や行動規範のすべてではない」ということを学生に伝えます。

かなり前になりますが、私が担当するクラスでのことです。その日の講義における感想や疑問を出席カードの裏側に書くように伝えていました。そこに質問等が記されてあれば、翌週の講義のはじめに回答していました。

お釈迦さまが二九歳で出家した場面をお話した後、研究室に戻って出席カードを一枚ずつチェックしていたところ、平仮名で「さいてい」と書かれている出席カードがありました。女子学生です。何かまずいことでも言ってしまったのだろうかと思いつつ作業をすすめていると、今度は「育児放棄や！」と書かれていました。やはり女子学生です。そこで私はハッとしました。

そうです、息子であるラーフラが誕生した矢先、お釈迦さまは夜陰に紛れてこっそり宮殿を抜け出したことを指摘したコメントだったのです。

「出家《しゅっけ》」と言いますと、世俗の穢れた生活に背を向ける、どこかかっこよい響きがありますが、社会的には「家出《いえで》」そのものです。蒸発・失踪・逐電・雲隠れと言われても言い逃れなどできない行為です。お釈迦さまが出家してくださったおかげで仏教が創唱されたのですから、私は「お釈迦さまは大いなる決意をもって、みごとに出家を遂げました」などと、おそらくは感動的なニュアンスを込めて講義していたのでしょう。

しかし、女性の視点・価値観からすると、赤ちゃんが生まれたのに夫が黙って夜逃げをしたのですから、「さいてい」な男で、「育児放棄」した無責任な人と言われて当然です。また父のシュッドーダナ王にとっても、世継ぎが突然の出奔ですから、たまったものではありません。重臣たちにとっても理解できないことだったでしょう。きっと一族や家臣はみな、最初は驚き落胆し、次に怒りがこみあげ、そして最後はあきれ果てたことでしょう。

出家の場面を感動的に語っていた私の講義を聴いていた女子学生たちはみな「?・」だったに違いありません。この「?・」こそが世俗の常識的な価値観で、社会的にはまっとうな感覚です。つまり、お釈迦さまは反社会的・非常識なことをやってしまったということです。仏教はその最初から世俗の常識的な価値観に背を向けていたことになります。そもそも「出家」とはそのような行動なのです。

第二節　そもそも戒とは？

戒こそが出世間の価値観

仏教はいつの時代、どの地域、いかなる社会や文化の中であろうとも、決して変化することのない基軸を備えた本当の意味での常識です。それは人としての普遍的で基本的な考え方や生き方の指針になります。これを「戒」と呼ぶのです。ここで「戒」とは何かということについて、少し専門的な話もまじえながら説明しましょう。

漢字の「戒」は「～してはならない」という他律的な禁止や、「～しなければならない」という受動的な義務で理解されがちです。しかし、その原語はインドのsīla（シーラ）と言います。その本来的な意味は【行為・習慣・性質】であり、「～しない」「～する」いう能動的な意志に相当します。その行為が当り前のように日常化・恒常化することを理想とするのです。

つまり、戒とは、悪い行為をせず、むしろ良い行為をなし、それを繰り返すことで習慣化させ、いつか自分の性質（キャラクター）として定着させるという主体的な修行なので、【行為→習慣→性質】の流れとして理解した方がわかりやすいと思います。

最初は注意深く悪い行為を抑止し、できるだけ良い行為をするように心がけます。それを意識的に行っているとやがて習慣化されます。そしてひとたび習慣化してしまえば、今度は注意したり意識したりしなくても、自然にそれができるようになり、性質として定着します。つまり戒の実践によって道徳的な暮らしができるということです。

そして、戒の実践によって目指すのは人格（あるいは人徳）の向上です。この場合の人格とは、決して世俗的な人格（正義感が強く信頼される優れた人柄）ではなくて、仏教的な人格です。それは衝動的な感情を抑制して理性によってものごとを判断することです。欲望・怒り・愚痴という煩悩を抑制し、真理にもとづく智慧をはたらかせるということになります。仏教は、世俗的な人格者になることなど目指してはいません。

では、戒の実践によって仏教的な人格が向上するとどのような効果が出るでしょうか。それは日常生活における精神的な苦しみ、悩み、不安や恐れなどが消えてなくなります。そして心が穏やかになり、結果的に生活が安心、安全、安穏になってゆくのです。

どうして戒がそのようなすばらしい効果をもたらすのでしょうか。それは戒が真理に従った行動規範を示す仏教道徳だからです。

戒と律は異なる

「戒」についてもう少しお話しますと、単独で「戒」と言うよりも、日本ではむしろ「戒律」という熟語として使うことが多いと思います。そうしますと、「戒」と「律」は同じもののように錯覚しがちですが、実は両者は異なる概念なのです。

インドの sila（戒）は良い行為を習慣化させ、いつかは自分の性質にするという意味で、自分の人格を高めることを目的としますから、どこまでも個人の問題です。他人は関係ありません。

これに対して「律」はインドの vinaya の漢訳であり、団体生活を営む際にそこに所属している構成員が共通に認識しておくべきルールになります。ですから、これは個人の問題ではなくて集団の問題になってきます。

ここで四人家族を想定して、この戒と律の違いを把握しましょう。まずは「律」からです。たとえば家の共有部分を掃除する時、お母さんはキッチンとリビングの担当、お父さんは庭と玄関を担当し、お姉ちゃんはバスとトイレ、自分は廊下とポチの犬小屋です。そして、この分担を怠ると一週間の靴磨きというペナルティーを課すことも取り決めました。

こうすれば家族全員でみんなの家を守っていくという共同体意識が強まり、家屋を大切にしようとする姿勢が一人ひとりに芽生えます。

もし誰かが掃除を怠ると、他の人にも迷惑がかかります。しかも自分は靴磨きのペナルティーを受けます。このようにみんなが気持ちよく生活するために定められた集団のルールが「律」に相当するのです。

一方、「戒」とは、みんながそれぞれ自分の部屋は自分で掃除しようと取り決めることです。もし掃除を怠っても誰にも迷惑をかけませんし、ペナルティーも受けませんが、ゴミ屋敷のようになった自分の部屋で大切なものを紛失してしまうなら、自分だけが困ることになります。掃除を怠ったことで迷惑を被るのは自分自身で、基本的には家族の誰も困りません。要は自分が気持ちよく生活するために自分で取り決める個人のルールが「戒」に相当します。

このように「戒」はどこまでも自律的なルールで個人の問題ですが、「律」は他律的なルールで集団に関わる問題ですから、両者は似て非なる概念です。「戒律」とは「戒＝律」ではなく「戒＆律」ということになります。

仏教は世間と別居している

世間では集団のボスや社会のリーダーが交替したり、社会のしくみが更新したりするたびに、そこでの常識や道徳も変化してゆくものです。そのような不確かで流動的なものに振り回され、追いかけっこのような生き方をするよりも、二五〇〇年間決して変わることのなかった仏教の常識や道徳の存在に気づき、それをブレない軸として生きてゆけば、もう追いかけっこのような慌ただしい人生とはサヨウナラです。ゆったりと腰を落ち着けて生きてゆけるようになります。

もし、このことを真剣に学び取ろうとするなら、世俗の常識を手放すしかありません。ただ、それは生まれてから今日に至るまで、この心身にしっかりと染みついてしまっていて、なかなか手放すことはできないかもしれません。

堕落してしまったと言われて久しい日本の仏教ですが、その堕落とは「世俗化」の一語で説明できます。

仏教は世俗の常識に耐えきれず、そこから抜け出して生まれたのですから、そこに仏教本来の独自の価値が発揮されているはずです。

それにもかかわらず、抜け出したはずの世俗の常識におもねり、追従し、だんだん同居するようになって、しまいには両者の区別ができないほど同化してしまってきたら、それはもう仏教の世俗化であり堕落なのです。これは世俗に問題があるのではありません。仏教を世俗化させてしまった仏教徒に問題があります。

これでは仏教の存在意義も価値もゼロです。反社会的な常識を堅持しているからこそ社会に貢献できるはずが、世俗化によってそれが不可能になっているのです。ですから、仏教の常識を学ぶ際には、これまで学んできた世間の常識を手放すしかないのです。

習慣化する＝良い癖をつける

たとえば泳ぎ方を知っていても、実際に泳いでみなければ対岸に渡ることはできないように、戒にしてもただ知識として知っているだけでは意味がありません。戒は実践することによって目的を果たせるのです。戒を実践することを「持戒《じかい》」と表記し、「戒を持《たも》つ」と読みます。わかりやすく言えば、「戒を日常生活に活かす」という意味になります（詳しくは本書第三章）。

漢訳された経典では、「持戒」の他にも「護戒」「守戒」「修戒」等と翻訳されるので、日本では「戒を守る」や「戒を修める」と表現することが多いでしょう。いずれにせよ、仏教の戒は、仏道の基盤であり日常生活の規範として運用する教えなのです。

持戒は三日坊主で終わらせるのではなく、習慣化することが大切です。ところが、誰もが長い間の習慣が身についているので、そこに新たな習慣を取り入れると、それまでの生活リズムが狂ってしまい、拒否反応を起こすものです。ですから新しい習慣を定着させるためには、その明確な目的や意義が必要になってきます（戒の目的と意義は後述します）。

またわずか二日や三日程度で習慣化できたなどという話は聞いたことがありません。習慣化による定着はそれなりに時間がかかるものです。持戒は仏教の修行であって遊びではありませんから、根気とエネルギーがいります。

「三日坊主」とは、一つのことを継続して行うことができない飽きっぽい性格の人を指す言葉で、あまり良い意味で使われませんが、持戒に関しては三日坊主でもかまいません。大切なことは、四日目に、「あっ、三日坊主になったな」と気づくことなのです。

気づいたらまたやり直せばよいだけのことです。たった三日すらも続けられなかったなどと落ち込んだり、諦めたり、自分を責める必要はなくて、また初日からやるだけのことです。

習慣化とは、換言しますと「癖をつける」ことに他なりません。「無くて七癖」ということわざがあるように、七つとはいかないまでも、どのような人にも癖の一つや二つはあるものでしょう。つまり、その行為が習慣化して生活に溶け込んでいるということです。どうせ癖をつけるなら、悪い癖ではなくて良い癖をつけること、すなわち良い習慣を身につけることが持戒です。

自分貢献

今、わが国では、社会貢献ということが大切になってきているようです。大手企業だけでなく、仏教の各宗派も自宗がどのような社会貢献を行っているかをアピールしています。社会貢献それ自体は誰もが否定も反論もできない善ですが、誰もがこれをしなければならないのでしょうか？　どこか強いられているようで、息苦しさを感じることはありませんか？

仏教は社会貢献を否定しませんが、積極的に肯定もしません。そもそもお釈迦さまは社会貢献をしたくて出家したのではなくて、あくまでも個人の苦悩を排除するために出家したのです。つまり、仏教は社会貢献よりも、まずは自分貢献を優先する教えだったのです。

仏教は個人の生き方（自己の苦悩の解決）を重視することはあっても、それを放置したままで社会の問題には口出しをしません。社会問題や国際紛争を解決する取り組みをするのは政治家の仕事であって、仏教は自分の問題を解決し、自分の周囲との争いをなくすことにつとめます。

もし、仏教が社会の問題に積極的に関わるのであれば、そもそもお釈迦さまは出家せず、社会の中に身を置いたままで取り組んでいたはずでしょう。お釈迦さまが世間から離脱したということは、社会問題・社会貢献には積極的に関与しないという決別宣言でもあったはずです。

しかし、現在の日本社会では、「宗教教団が社会貢献するのは当たり前だ」といった根拠のない風圧が強くなっているように感じますが、社会貢献に関して、仏教を他の宗教とひと括りにすることは間違っていると思います。ところが、残念なことに仏教教団も一部の僧侶もその風圧に抗いきれず、世俗と決別したはずの仏教の世俗化を推し進めています。

一二〇〇年前、最澄が戒をもって国家を立て直そうとする中で「一隅を照らす」と述べたことも、八〇〇年前、法然上人が自分の置かれた環境や能力を冷静にみつめた結果「愚痴に還る」と述べたことも、これらは時代が変わろうと、社会のしくみや状況に変化があろうと、まずは自己を凝視し、自己を正しく評価し判定することが先決であるという姿勢だったのです。

すべての人が自分自身の問題解決、すなわち自分貢献からはじめると、それがおのずから家庭や社会に、そして世界に広まってゆきます。これが仏教的な社会貢献になるのです。詳しくは第二章三節で述べます。

世間の宝と出世間の宝

皆さんには守りたい大切な宝ものはありますか？　おそらくは健康、家族、仕事を挙げる人が多いと思います。私にとってもこの三つは大切です。若者なら親友、恋人、自動車、宝飾品かもしれませんし、子供だったらきっとオモチャと言うでしょう。

あるいは世界にたった一つしかないもの、たとえば国宝級の絵画、彫刻、骨董品や、値段が高くて希少価値のあるものなども宝でしょう。たしかに人類にとって、また個人的にも大切な宝なのかもしれませんが、よく考えてみますと、それらが無くても人類は絶滅しませんし、自分も死んだりしません。それらは本当の宝と言えるのでしょうか。

太陽、空気、水はどうでしょう？　太陽と空気は無料で手に入りますし、水も安価です。しかも、どこにでもあるので希少価値はゼロです。でも、これらが無くなると我われは生きられませんから、必要不可欠の度合いはマックスです。ただ、これは人類共通の宝ではありますが、仏教が説く宝ではありません。仏教はこの世で自分が生きてゆくために必要なものだけに価値があり、それがないと生きてゆくことができないものこそを宝とみなします。感情的に欲しいと思うものではなくて、理性的に必要なものが本当の宝です。

それは「人格」です。「人徳」と呼んでもよいでしょう。苦悩を排除または軽減し、安らぎのある人生をおくることを目指す仏教は、これを実現するために自分の人格を高めることを説きます。人格の向上、仏教はここにこそ価値を認め、これをもって本当の宝ものと考えるのです。

仏教は最終的には自己の苦悩を超越した悟りをめざすので、悟った人（仏）をもって最高の人格者とみなします。そしてそれを目標にして少しでも自らの苦しみ、悩み、不安、恐れを軽減しようと努力している人もまた人格者なのです。

人格・人徳というものは、高めれば高めるほど苦悩の排除と安穏な生活が約束されます。仏教的人格を高め、それで困ること、損をすることは何もありません。盗まれることもありません。むしろ自分の人生を良い方向へと導いてくれます。そのために仏教には「戒」の教えがあり、これを実践し習慣化することで少しずつ人格・人徳の向上をはかり、苦しみ、悩み、不安、恐れを排除し、安心、安全、安穏な生活が実現されるのです。

戒の目的と意義を知る

戒定慧の三学は悟りを得るための絶対条件になっています。したがって戒を実践する目的とは、自分の悟りの成就に他なりません。しかし、いきなり悟りと言われても、そもそも悟りとはいったい何なのかよくわかりません。仏教徒としての最終目的地ではあるけれど、あまりにも高遠すぎて、現世でそこに到達できるかどうかもわかりませんし、その自信もありません。

悟りはたしかに雲の上のはるか彼方の境地なのですが、仏教徒であれば少しでもそこに近づこうとしなければなりません。そのためには悟りへの入り口である戒を放棄することはできないのです。

たとえば「赤信号では止まる」ということを知っていれば身に危険はおよびません。「青信号は進んでもよい」ということを知っていれば目的地に到達できます。それと同じように、戒の内容を知ることは出世間的な善悪の基準に気づくことになります。これによって悟りは高遠だとしても、さしあたって仏教的な人格を高めることは目的にできそうです。

次に戒を実践することにどのような意義（重要性）があるでしょう。自分にどのような効果が期待できるのかを知っておくほうが、持戒を習慣化しやすいと思います。

戒を実践するということは、結局は大切な自分を守ることになります。自分を守ることによって、日常生活が今まで以上に安心、安全、安穏なものになります。これが戒の最大の意義です。要するに「現世安穏」が実現されるということです。とてもシンプルです。

今日をいかに生きたらよいのか？　そして日々の苦しみ、悩みをいかに軽減し解消したらよいのか？

あるいはそれらを未然に防ぐにはどうしたらよいのか？　そこには具体的な指針が必要になってきます。

我われ凡夫は現世で悟りを獲得することはできなくとも、ささやかでも苦悩を軽減したり未然に防いだりすることで、今よりも喜びのある生き方を求めるべきでしょう。したがって戒の意義とは、現世をより安心、安全、安穏にすごすことができるようになることなのです。

第二章　三聚浄戒

人の生き方として、悪をやめること、善を行うこと、世のため人のために尽くすこと、この三つを否定する人はいないでしょう。誰もがそれを正しい生き方だと思っているはずです。もちろん仏教でもこの三つを勧めています。ただ仏教は出世間の教えなので、この三つを仏教的な価値観にもとづいて行うことになります。それを「三聚浄戒《さんじゅじょうかい》」（三つ集まった清浄な戒）と言います。

三聚浄戒は菩薩が実践する最もポピュラーな戒で、インド、中国、朝鮮半島、日本における多くの学派や宗派で重視されてきました。「菩薩」とはインドのBodhisattvaを中国語訳した「菩提薩埵」の略語で、直訳しますと「悟りを求める衆生」となります。要するに大乗仏教の修行者であり、出家者と在家者とを問いません。貪りや怒り等の煩悩がなくなった悟りの境地の獲得を目指して修行する者であれば、誰もがみな菩薩と呼ばれます。

その菩薩が実践する三つの戒とは以下の通りです。この第二章ではこれを順番に解説します。

①摂律儀戒《しょうりつぎかい》（悪しき行為をしない）
②摂善法戒《しょうぜんぼうかい》（善《よ》い行為を修める）
③摂衆生戒《せっしゅじょうかい》（世のため人のために尽くす）

第一節　摂律儀戒——悪しき行為をしない——

三聚浄戒の一つ目は摂律儀戒です。この第一節においては摂律儀戒を解説しますが、その際に根拠とするのは『梵網経』に説かれている戒です。経典の題名をとって「梵網戒」とも呼びます。その具体的な内容は十重禁戒《じゅうじゅうきんかい》と四十八軽戒《しじゅうはっきょうかい》になりますが、本書では最重要な十重禁戒だけを扱います。

お釈迦さまのお説法

さて、『梵網経』の序文には以下のように述べられています。

この戒を実践するときは、あたかも暗闇で灯火を得たように、困窮者が財宝を手に入れたように、病人が治癒されたように、囚人が牢獄から出たように、旅人が故郷に帰るようなものです。またこの戒は生きとし生けるものを導く大師です。それはお釈迦さまがこの世に居られてお説法しているのと異なりません。

これは煩悩や誘惑の多いこの穢れた世界で、幸運にも戒に出会うことができた喜びを述べています。そしてこの『梵網経』に説かれている十重禁戒に耳を傾けることは、生身のお釈迦さまのお説法を聞くに等しいという意味です。

お釈迦さまが、一度しかない人生に失敗がないように、あるいは失敗のダメージが少なくなるように、未来の私たちに言い残して下さったのがこの戒なのですから、お釈迦さまからのメッセージ、ご遺言、あるいは仏教徒にとっての名言集だと思って受け取ってください。

この十重禁戒を指針として暮らせば、もう迷うことはなくなります。お釈迦さまの仰せの通りにするだけで、余計な事をあれこれと思い悩む必要はありません。

では、以下に順番に解説いたします。それぞれの戒の最初に『梵網経』に説かれている十重禁戒の要約文とその戒が制定された理由を示しておきました。

1　不殺生戒《ふせっしょうかい》

経の要約文

生きとし生けるものを故意に殺さず、また人にも殺させない。むしろ慈しみと敬いの心をもって、適切な手立てを用いて救済し擁護する。

制定理由

この「殺生しない」という戒が制定される理由は、生きものの命を絶つことは、その未来を絶つことになり、また過去世の自分の父母を殺すことにもなりかねないからである。慈悲を根本とする以上、故意による無慈悲な殺生を犯してはならない。

人は人を殺す生きものだ

およそ殺生という行為を戒めていない宗教はないでしょう。そのようなことは戒められなくても、誰もが当たり前の事として了解しています。それなのに、どうしてわざわざこの戒が定められているのでしょうか？

それは簡単なことです。私たちが実際にたくさん殺生しているからです。当たり前のように殺生しているからこそ、「それはご法度ですよ」と戒めているのです。

『法句経』の名でおなじみの『ダンマパダ』という教訓的なことが列挙されているお経でも、以下のように戒めています。

・すべての者は暴力におびえ、すべての者は死を恐れる。己が身にひきくらべて、殺してはならぬ、殺さしめてはならぬ。（一二九）

・すべての者は暴力におびえる。すべての生きものにとって生命は愛しい。己が身にひきくらべて、殺してはならぬ、殺さしめてはならぬ。（一三〇）

保護者も学校の先生も子供たちに「人を殺してはいけない」と教えています。ところが、戦争になればより多くの敵兵を殺せと命じます。テロリズムでは罪なき人を巻き込んで殺しています。死刑制度がある国では合法的に人を殺しています。殺生はなかなかなくなりません。ここでは殺人に限定してこのことを考えてみましょう。

人類の歴史は弱肉強食の歴史でした。自分の利益を守るため、自分が生き残るために敵対する相手を殺傷してきました。とても残念なことですが、これは事実なので認めないわけにはいきません。少し乱暴な表現をするならば、人類史の事実としては「人は人を殺す生きものだ」と言えるのかもしれません。しかし、仏教ではこの人類史の事実を放置しません。

仲間の命だけが地球よりも重い

「人の命は地球よりも重い」という言葉は、一九七七年に起きた日本赤軍によるハイジャック事件で、犯人側が身代金を要求し、当時の福田赳夫首相がそれに応じたときに述べた言葉です。当時は名言だったようです。

これが嘘偽りのない本心から出た言葉であれば、福田首相はその在任中に死刑制度を廃止すべきだったはずです。それとも「人の命は……」の「人」の中に死刑囚は入らないのでしょうか。日本では現在もまだこの死刑制度が支持され残り続けています。

死刑制度を支持する人の意見は、犯罪に対する抑止、被害者感情への配慮、社会秩序の維持にあるようです。二〇一四年に内閣府が行った世論調査の結果は、「死刑はやむを得ない」が約八割、「死刑には反対」はわずか一割でした。つまり、皮肉にも日本人の八割は「人の命は地球よりも重い」とは思っていないことを証明してしまいました。

そこで思うのは、「人の命は地球よりも重い」という美辞は条件つきなのではないかと言うことです。要するに自分と自分に親しい仲間や善良な国民に限定して使われる言葉であって、自分にとって都合の悪い人や自分と敵対している人、共同体の調和を損なうような犯罪者やテロリストには適用されていないということになります。

それだけではありません。凶悪な殺人事件にしろ、無差別テロにしろ、報道で知り得たとしても、それが地球の裏側で行われていることであれば、せいぜい「ああ、またか」「お気の毒に」「政府は何をしているのだ」と思う程度であっても、それは自分の人生には関わりのないことだと思ってしまいます。所詮、人殺しは他人事なのですね。

「人の命は地球よりも重い」と得意げに語っても、いっこうに殺人事件は後を絶たず、戦争や紛争も世界のどこかで行われ、死刑制度（合法的な殺人）も残りつづけ、奴隷の命は使用人の手に握られたままです。

今は多くの国で「人権」が重んじられています。人権とは人間が人間らしく生きるため、生まれながらに持っている普遍的で欠くことのできない権利ですが、本当に人権は大切に思われているのでしょうか。常日頃は人権を声高に提唱している国でも、ひとたび戦争となれば敵国に爆弾を落として無辜の人民まで巻き込んでいます。敵兵に出くわしたら、その人に恨みはなかろうと殺傷します。相手の人権など考えていたらこちらが殺されてしまうからです。

また、死刑囚は執行の日をただ待つだけですから、自分の意志で生き続けようという人権は奪われています。本当に人権が大切だと言うならば、戦争は起こりませんし、死刑制度もなくなるはずです。でも、まだそれらが残存しているのは敵兵や死刑囚には人権がないと言っているようなものです。やはり、人権が保障されているのは自分と自分に近しい仲間だけという条件がついていることが納得できます。

ですから、この不殺生とか人権尊重という美辞麗句で飾りたて、「人の命は地球よりも重い」と言ったところで、その言葉には差別と欺瞞が隠されているのです。「仲間の命は地球よりも重い」「善良な人の命は地球よりも重い」が世俗的な不殺生や人権尊重の本音ではないでしょうか。

なぜ人を殺してはいけないのか？

仏教道徳としての戒とは人や社会に迷惑をかけるから守るのではなく、自分自身に迷惑がかかるから守るのです。「戒を守る」と言うのは、実のところ、この世で最も大切な「自分を守る」と同義です。この不殺生戒においても、その理屈を適用できます。

世間では人を殺してはいけない理由として、「被害者が可哀そうだから」「その家族が悲しむから」「生命は尊いから」「夢と希望や未来を奪うから」といった情緒的なものが目立ちます。また「人権侵害だから」という理由もありますが、それらはみな被害者の立場からの理由づけになっています。しかし、仏教は加害者の側に立って殺人を否定します。これは不殺生戒だけの話ではありません。この後に解説する不偸盗戒も不邪淫戒もみな加害者の立場から破戒を抑止しているのです。

そもそも戒を実践する目的は自らの人格を向上させることですから、人を殺すという破戒行為は、結果的に自分の人格向上にはつながりません。むしろ確実に自分を損ない、災いを引き寄せることになります。たとえば『大智度論』という書物には、殺生することによって加害者は一〇種の不利益を被ると説いています。「人々から憎悪される」「遠ざけられる」「寝ても覚めても不安に苛まれる」「悪夢にうなされる」などです。どれもみな被害者感情を配慮しているのではなく、加害者としてのデメリットを並べ立てています。

これは、殺された被害者とその遺族の心情や、社会的責任を無視して、もっぱら自分の損得だけを考えているようにも受け取られ、ややもすると自己中心的で無慈悲な印象を与えかねません。しかし、本当はそうではないのです。

なぜなら自分が悪に染まらずに、自分を大切に守って生きてゆくということは、他者との関わりの中でしか生存し得ない自分は、他者をも結果的に大切にせざるを得ず、また人格を完成させるということも、やはり他者との関わりの中でしか実現できないからです。これが自覚できるならば、自他ともに傷つけるような行為はできないはずです。

また、そもそも意図して人を殺す背景・原因には、必ず殺したいという潜在的な意志があります。人を殺したいというその意志とは、利己的な目的を成就しようとする欲望（貪）と、相手に対する激しい怒りや憎悪（瞋）と、衝動的で思慮分別の欠いた愚かさ（痴）の煩悩に起因します。罪業とは内なる煩悩が外に顕在化した結果なのです。

もし殺人を肯定するならば煩悩を肯定することになり、したがって輪廻の生存を受けることになります。逆に殺人を否定するのは煩悩を否定することになり、輪廻の生存を受けないことになります。要するに仏教において殺生を否定するのは、煩悩からわが身を守り、人格を向上させ悟りを得ることを目的とした「自分貢献」の教えだからなのです。

仏教徒でありながら、人を殺すという行為、それに偸盗、邪淫、妄語などの行為も、それをすることによって自らが悟りの可能性を放棄していることになります。それは仏教の目指すところに逆行しています。この世界で一番大切な自分を守り、自分に迷惑をかけず、自分の人格を高め、ゆくゆくは悟りを得るために人を殺さないのです。

生きることはすばらしいことなのか？

しばしば「生きることはすばらしい」などと耳にすることがあります。本当にそうでしょうか。生きていれば楽しいこともありますが、嫌なことや辛いこともあります。だから仏教ではそうした根拠のない世間的な誘惑の言葉「生きることはすばらしい」には騙されません。心が折れている人には激励になるかもしれませんが、この言葉は真実ではありません。

弱肉強食のこの世界で生きるということは残酷なことです。だから、生きたい、もっと生き続けたいと思うことや、生きなさい、生きることが大切だと言うことは、実は恐ろしいことです。

生きるということは、その命を支えるために犠牲になっている生きものが無数にいるということですから、「生き続けたい」と欲することは、実は「多くの命を犠牲にしたい」と言っているに等しいのです。生きたいと欲するその裏で、他の多くの命が犠牲になることに目をつぶるならば、必然的にその逆も認めることになります。

つまり誰かが生きたいと欲するその裏で、自分の命が犠牲になることを認めることでしょう。このように、生きるということはとても残酷なことなのです。

殺生せずに生きるという矛盾

人は他の生きものを殺さずして一日も生きることができないでしょう。そんなことはお釈迦さまもご存知のはずです。と言いますか、お釈迦さまにしても、毎日早朝から村々を回って托鉢をされていました。

アリや小さな虫を踏みつけ殺しながらのお出かけだったはずです。

ご自身でも実行できていないのに、戒の第一条目から「殺さない！」と、殺生を戒めているのですから、お釈迦さまは最初から無理なことを要求されていたことになります。意気込んで「さあ、今日から戒を実践するぞ！」と決意した矢先、最初の不殺生戒でつまずくことになる私たちは、第二不偸盗戒、第三不邪淫戒、第四不妄語戒へと進んで行くことができなくなります。呼吸しなければ生きられない私たちに、「呼吸するな！」とむごいことを言うのと同じです。もうその先の人生は開けてきません。お釈迦さまは殺生なお方です……。

「今後はすべての生きものを殺しません」と誓約したとしても、そのようなことができるはずもなく、結局は誓約したその日に破ることになります。要するに破戒です。いったいお釈迦さまは私たちにどうせよと仰せになっているのでしょうか？

お釈迦さまが提示された不殺生戒を守るならば、私たちは生きていられません。その反対に生きるならば不殺生戒を破ることになります。どうしたらこの堂々巡りから逃れることができるのでしょうか？

実は、これはお釈迦さまから私たちに発せられたアンチテーゼだったに違いありません。「殺生してはならない」という主張（テーゼ）があり、「いや、そんなはずはない。なぜならそれを遵守することは、私たちに死ねと言っているに等しいからだ」という提言（アンチテーゼ）が成立するからです。

お釈迦さまからのアンチテーゼ

もう少し詳しく説明しましょう。この不殺生戒がさまざまな戒の項目の最初に設定されていることは、「生きる」という人間の根元的な問題を私たちに投げかけていることになると思います。つまり、「殺生しない」という戒を遵守することは、殺生せずには生きられない私たちに「生きるな」と要求していることになります。

もっと明確に言うならば、この世に生きている者は輪廻の中にあるということです。仏教は輪廻を苦しみの境涯であるとみなして否定します。つまり「生きるということを否定」しているのが、この不殺生戒の奥深くに込められたメッセージだったということです。

しかし、だからといってお釈迦さまは「今すぐ命を絶ちなさい」とは仰せになっていません。あくまでも自分の生存・存在に恋々とする思いを捨てなさいということです。したがって、この不殺生戒は、「生きたいという執着を捨てなさい」という意味として理解できるはずです。

もっと生きたい、ずっと生き続けていたいという執着があるから、私たちは苦しみ、悩み、怒り、不安になるのです。そうした煩悩を排除して精神的な安楽な状態を維持するためには、生への貪欲・命に対する執着を捨てるしかないというのがお釈迦さまの真意なのです。

もう一度申しますが、お釈迦さまは決して「生きなさい」とも「死になさい」とも仰せになっているのではありません。ただ「命に対する執着を捨てなさい」と仰せになっているだけです。それしか言いようがないからです。

殺生せずに生き続けるということは大いなる矛盾を生じます。いや、不可能です。だから、この矛盾を解決する手段は、自分の生存（輪廻転生）を否定するしかないのです。

たしかに仏教は人が人として生きることに意味を見いだしません。苦しみ、悩み、不安、恐れの繰り返される無常と無我で無価値な現象世界のあらゆるもの、あらゆることを対象として、いたずらに貪欲し執着しています。そのような無価値で頼りにならないこの世界に輪廻して生きている自分の人生に意味などありません。

もし人生に普遍的な意味があるならば、人類は数十万年の歴史があるのですから、とっくの昔にそれは提示されているでしょう。ところが書店に行きますと、人生の意味をテーマとした本がいくつも売られているのは、いまだに模範的な回答がないということです。と言うよりも、人間が生まれることにも生きることにも、誰もが納得する唯一無二の意味を見いだすことができないということです。

これが不殺生戒から発せられているお釈迦さまからの強烈なアンチテーゼなのだと思います。それを否定するのは勝手ですが、それならば世界中の人が納得できる「人生の意味」を見つけ出して論証しなければなりません。しかし、そのようなものはありません。

ですから「人生に意味はない」「人が生きる意味はない」という仏教的な見解は正しいのです。不殺生戒は、「何としても生き残りたい」という人間の愚かで厚かましい妄執を排除しようとする仏教の根本精神・根本原理を突き付けています。それを理解しないかぎり、不殺生戒はただのお飾りの道徳でしかありません。

これでお釈迦さまの意図が理解できました。「殺生するな」とは「生きることにこだわるな」を言い換えた言葉だったのです。結局は「殺生せずに生きられないわが身に気づけ」ということであり、「気づいたら、次に何をなすべきか考え行動せよ」ということにつながります。それは慈しみをもって接するということですが、その前に「故意」について説明しておきます。

「故意」の破戒

さて、この不殺生戒の内容を再度確認したいと思います。「故意に殺さず」とあるのがポイントです。人間は他の生きものなしには生きることができません。もし人類が好き勝手に他の生きものを殺し続けたら、人類は生存できなくなります。なぜならこの世界は縁起・共生で成り立っているからです。その一方で、他の生きものを殺して食べないかぎり人は生きられません。ここに大きなジレンマがあります。殺せば破戒の罪、殺さなければ私の死。結局は人間が生きることに善という意味を見いだすことはできません。「私が生きること＝他を殺すこと」なので、不殺生戒は常に矛盾をはらんでいます。本気で殺生を回避するなら死ぬしかありません。したがって人間が生きるために最低限の命を奪うことはあったとしても、無意味な殺生は行わない。これが「故意」による殺生の意味です。

梵網戒では故意による殺生を破戒であるとみなします。故意とは悪意をもって、計画をめぐらせて、凶器を使ってという意味です。その生きものを殺さなくても生きてゆけるならば殺さないということです。

前述したように、殺せば破戒の罪になり、殺さなければ自分が死んでしまいますから、人間が生きるということに善的な意味を見いだせませんが、「故意」という言葉によって自分が生き続けることが許される道がわずかに残されたのです。

しかし、殺生していることは事実です。だからこそ弱くて愚かな存在であることを常に心に留めておくことが大切なのではないでしょうか。いずれにせよ、「殺生しない」と「生きる」は永遠の矛盾であることは確かです。

仏教はすべての生きものの命を平等にあつかいます。どの生きものが偉いとか尊いということはありません。自分にとって都合の良いときだけ「平等」をふりかざし、都合の悪い時はそれを隠してしまうのは、まさに「不平等」なのではないでしょうか。

生きとし生けるものが平等であると考える以上、お腹を減らした虎が止むにやまれず私を殺したとしても文句は言えません。「故意」は私だけに適用されるのではなく、お互いさまです。

殺生よりも、むしろ慈しみをもって接する

『梵網経』のよいところは、単に「××しない」というだけではなくて、その反対に「むしろ〇〇する」と説いていることにあります。不殺生を遵守すべきことはよく承知しているのですが、それでも完璧に守りきることはやはり不可能です。だから、「せめて「故意」による殺生は控えましょう」ということなのですが、そうであっても殺生していることに変りはありません。

そこで少し発想を変えて、「むしろ慈しみと敬いの心をもって、適切な手立てを用いて救済し擁護しま

しょう」と示されているのです。ここが梵網戒の良いところだと思います。

ここで、「殺生している」と自覚することにどのような波及効果があるのかを考察してみましょう。他者を傷つけ犠牲にしながら生きている存在なのだと自覚するとき、これまでの自己の罪深さを「懺悔」することになるでしょう。また他者との関係を絶って生きていくことはできない自分はみなと協力協働することで豊かな社会生活が実現できるのだから、他者の支えによって生かされていることを「感謝」することにもなります。そして、そのような自分が今後も生きていくには、これからも犠牲を強いるであろう他者に対して「慈悲」の思いをもって接しなければならないと言うことに思いあたります。

懺悔（過去の罪への自覚と反省）……一戒すらも持《たも》てなかった自分の罪をありのままに認める

感謝（現在の生活に対する喜び）……一戒すらも持《たも》っていない自分は他者に支えられて生きている

慈悲（未来の生命に対する慈愛）……一戒すらも持《たも》てそうにない自分はせめて他者を慈しんでゆきたい

過去の罪悪への懺悔、現在の生活への感謝、未来の生命への慈悲。これらが「殺生している」と自覚することによる波及効果になるので、常に「故意に殺さない」ことを意識しながら暮らしてゆくことが大切であることを教えているのです。

不殺生戒を実践することで、生命の尊厳や、他者の痛みに共感し、ものの大切さ、人との縁、環境への配慮など、そうしたことに少しでも気づくことができるようになります。そのためにこれまでの無自覚な殺生から自覚ある殺生に転換する必要があるのです。

2　不偸盗戒《ふちゅうとうかい》

経の要約文

一切の財産を故意に盗まず（手に取ってその場を離れず）、また人にも盗ませない。むしろ慈しみと敬いの心をもって、すべての衆生を扶助して幸福と安楽を施す。

制定理由

この「盗まない」という戒が制定される理由は、財物を惜しみなく与えて福楽を生じさせなければならないにもかかわらず、与えられていない財物を不当に搾取することは正しい行為ではなく、輪廻の原因となるからである。

大切な自分のために盗まない

この戒は先の不殺生戒のような複雑な問題は何もありません。原意は「不与取」と言いまして、与えられていないものを受け取ることで、世俗の法であっても罪になりますし、出世間の法でも同じく罪になります。それは『スッタニパータ』という古いお経でも戒められています。

与えられていないものは、何ものであっても、またどこにあっても、知ってこれを取ることを避けよ。また（他人をして）取らせることなく、（他人が）取り去るのを認めるな。何でも与えられていないものを取ってはならぬ。（三九五）

さて、偸盗の根本原因は当事者における貪欲ですが、偸盗とは手に入れたいという欲望が、道徳観・倫理観を凌駕した結果として起こります。我われの周囲には欲望を煽りたてる要因が氾濫しており、あれもこれも欲しくなりますが、どうしても手に入らないものだってあります。高価で希少な品物や、他人の所有物などです。

欲しいのに手に入らなければ苦しみ悩みます。なんとかしてそれを手に入れたとしても、さらに次々と欲しいものが目の前に現れてくるでしょう。するとまた欲しくなり、苦しみ悩みます。欲望には限りがないので、それにともなう苦しみもまた無限です。

盗むということは他人のものを自分のものにしたいという貪欲の結果に他なりません。貪欲は人間が持つ最大の煩悩です。仏教はその煩悩を排除することで人格の向上を目指す教えなのですから、貪欲のままに盗むという行為はそれに反する行為になります。つまり、自分貢献に反する行為です。前の不殺生戒を守ることと同じ道理です。

もし盗みを肯定するなら煩悩を肯定することになり、輪廻の苦を受けます。逆に輪廻の苦を受けないようにするためには煩悩を抑制します。したがって最大の貪欲という煩悩とも闘わなければなりません。煩悩を放置することは自分の仏教的な人格の向上、すなわち究極的には悟りの獲得に背を向けることになるのですから、これを戒めるのがこの戒の精神です。盗まれた被害者が可哀そうだからという感傷的な理由ではありません。大切な自分を煩悩から守るために人のものは盗まないという、とてもシンプルな理屈です。『大智度論』に、偸盗した加害者が被る一〇種の不利益を並べているのはそのためなのです。たとえば、所有者から激怒される、信用されない、賢者から敬遠されるなどです。

足るを知る者は富む

そもそも仏教は「足るを知る」や「捨ててこそ」と教えます。最近では「断捨離」と称して、身も心もスッキリしたシンプルライフが提唱される傾向にあります。それなのに他人のものを盗むということは、逆にものを増やし、増やしたぶんだけ自分をさらに苦しめることになります。『スッタニパータ』には足るを知る者の徳として、以下のように説かれています。

足ることを知り、わずかな食物で暮らし、雑務少なく、生活もまた簡素であり、諸々の感官が静まり、聡明で、高ぶることなく、諸々の（ひとの）家で貪《むさぼ》ることがない。（一四四）

また、お釈迦さまがその臨終にあたって説かれた『遺教経』というお経には次のような言葉があります。

足るを知る者は地べたに寝ていても心は安らいでいる。足るを知らない者は天界の立派な建物に住んでいても満足しない。足るを知らない者は裕福であっても心は貧しく、足るを知る者は貧しくとも心は裕福である。足るを知らない者はいつも五つの欲望に振り回されていて、足るを知る者から憐みをかけられる。

このように、「自分は十分に満たされている」と思う人は、それ以上の欲望はありません。欲望がストップしているのですから、それにともなう苦しみもありません。そのような人は、たとえ経済的な貧困者であっても、心は豊かなのですから富裕者と呼びます。

逆に物質的に恵まれて贅沢な暮らしをしている資産家であっても、あれがないこれがない、もっと欲しいと不満をいだいている人は心が貧しいままで、それにともなう苦しみから逃れることはできません。資産家であっても心が充足していないのですから貧乏人です。

経済的・物質的な豊かさなどは、無常の波にあっという間に流されてしまいます。それよりも、ひとたび「足るを知る」心を手に入れたならば、どのような状況に見舞われたとしても、心は満たされて穏やかなままでいられます。これが「足るを知るものは富む」の真意です。

しかし、仏教の美徳として「足るを知る」がまかり通れば、それこそ「人類の発展はない」と言う人もいることでしょう。たしかに人間はさまざまなことに不満を感じ、その不満を解消するために努力を重ねてきた結果として発展してきたことも事実です。

ただし、その場合の発展とは何かというと、それは物質的な発展や利便性の向上を意味することが多いのではないでしょうか。これはちょっと考えてみればわかることなのですが、生活が便利になった現代人は江戸時代の人よりも幸せなのでしょうか。彼らはみな現代人よりも不幸だったと言えるのでしょうか。もしこれを認めると、平安時代の人は江戸時代の人よりも不幸であり、奈良時代はもっと不幸、さらに弥生時代・縄文時代の日本人はかなり不幸だったことになります。そして現代人よりも百年後の日本人のほうが幸福ということになってしまいます。しかし、そのようなことはありません。物質的な発展や利便性の向上と人の幸不幸は無関係です。

仏教的な人類の発展とは何か？　それは一人ひとりが自分の人格を向上させることであり、またそれによって争いが起こらない平和な世の中を作りあげることです。ですから、「足るを知る」ということが人類の物質的な発展や利便性の向上を妨げることはありません。

良寛さんの生き方に学ぶ

さて、良寛《りょうかん》さん（一七五八～一八三一）といえば、幕末の越後出雲崎《いずもざき》において、村落の子供たちと手毬や凧揚げに興じるなどして、老若男女を問わず親しまれた曹洞宗の僧侶です。ただし、この良寛さん、何も子供たちと遊んでいただけのお坊さんではありません。漢詩も和歌もたくさん残すほどの教養人でした。

数ある歌の中に次のようなものがあります。

　ことたらぬ

こと足らぬ　身とは思わじ　柴の戸に　月もありけり　花もありけり

この粗末な五合庵《ごごうあん》（現、新潟県燕市国上地内）にも、空を見上げれば月もあるし、足元に目をやれば花も咲いている、それだけあれば十分ではないか、という心境を詠んでいます。国上山《くがみやま》にある五合庵でのわび住まいはとても貧しいものでした。しかしそれは物質的な貧しさであって、良寛さんの心は十分に満たされていたのです。

盗人《ぬすっと》に　とり残されし　窓の月

清貧に徹した良寛さんの持ちものなど知れています。ある晩、寝ていると泥棒がやって来て物色していることに気づいた良寛さん。ところが、そもそも盗むようなものがないのです。そこで、泥棒が盗みやすいようにわざと寝返りをうって、布団を盗みやすくさせます。泥棒は仕方なく、その布団を持ち去りました。

こうして本当に何もなくなってしまった良寛さんは、五合庵の空に出た月を見上げてこのように詠んだのです。すべてを失っても、お月さまはちゃんと残っているから大満足です。

焚くほどは、風がもて来る　落ち葉かな

これは、国上山の乙子《おとご》神社の草庵に移って、ひっそりと暮らしている良寛さんを不憫に思った越後長岡藩主の牧野《まきの》忠精《ただきよ》公（一七六〇～一八二八）が、城内に住まわせようと申し入れたことに応じて詠んだ一首です。

私一人が煮炊きするだけの落ち葉は風が運んでくれるので、不自由なことは何もありません、という意味です。良寛さんは藩主の好意に感謝しつつ、清貧な暮らしが性分に合っていたのです。忠精公は贈られてきたこの一首を見るなり、良寛さんの思いを受けとめ、二度と城内への移住を要請することはなかったそうです。

さて、誤解してほしくないのは、良寛さんが清貧に徹した僧侶だからと言って、仏教は経済的な貧乏を良しと言っているのではありません。また大富豪のような豊かさを否定しているのでもありません。仏教が大切にしているのは、経済的・物質的な貧富を問わず、欲を捨て、足るを知り、与えることができる精神的な豊かさを持ちましょう、と言うことなのです。

それでは、いったい何があれば「足る」のかと言いますと、それは生きるために最低限必要なものがあるということです。私たちが手元に置いておくべきものとは「欲しいもの」ではなくて、「必要なもの」です。それが無くても生きていけるならば、そのようなものは思いきって手放してもよいのです。持ちものが減っていくと煩いがなくなり穏やかな暮らしになります。しかし、それがないと生きられないものは

「必要なもの」として大切にしなければなりません。

ともかく、この不偸盗戒というのは、「与えられないものを受け取らない」という意味ですが、それだけではなく「少欲知足を心がける」とともに、さらに進んでむしろ「自分のものを与える」ということも含まれています。次はそれについてお話します。

むしろ与える

この戒は「盗まない」という内容ですが、それと同時に「自分のものを与える」が表裏一体になっています。先に示した要約文に「すべての衆生を扶助して幸福と安楽を施す」とあるごとく、むしろ自分のものを惜しむことなく差し出すというのが基調精神となっているのです。要するに「お布施」ということであり、この後の摂善法戒（六波羅蜜の第一布施波羅蜜）や摂衆生戒（四摂法の第一布施）のところでも詳しく述べましょう。

なお、これは「お布施をしなさい」という指示や命令ではありません。お布施とは、あくまでも功徳を積むために本人の意志で主体的に行う修行です。もし他人の指示・命令に渋々従うならば、それは徴収であってお布施の修行ではなくなってしまいます。

三施と七施

布施の代表と言えば、「法施」「財施」「無畏施」の「三施」です。①法施は主に出家者が在家者に仏教の教えを説くことで、②財施は主に在家者が出家者に生活用品を提供することで物質的に支えることです。互いに支えあうことで良好な関係を維持します。そして、③無畏施とは相手に恐怖を抱かせたり不安感を煽りたてたりせず、お互いに優しさと慈しみのある心づかいで支えあうことです。たとえ施すべき仏法や財物がなくても、相手に安心感を与えるような心配りができているならば、それも立派なお布施です。

これに関連して、『雑宝蔵経』というお経は七種の布施の物語を説いています。その冒頭に、「仏説《と》きたまうに、七種の施あり。財物を損なわずして大いなる果報を獲ん」とあるように、「無財の七施」が説かれています。これは手元にお布施できるような金銭や食料、あるいはそれ以外の物品などがなくても、心配りという七種のお布施があると言うことです。

①眼　施…慈愛のこもった眼ざし
②和顔施…穏やかな表情
③言辞施…思いやりのある言葉づかい
④身　施…人が嫌がることをすすんで行う
⑤心　施…相手に寄り添う優しい心配り
⑥床座施…身を休めるベッドや座席の提供
⑦房舎施…雨風をしのげる屋舎の提供

お布施とは、所有欲を削ぎ落すための修行ですから、「他人のために与える」のではなく、あくまでも「自分の（修行完成の）ために与える」ということになります。自利（自分貢献）として行ったことが結果的に相手のためにもなっているので、これを「自利即利他」と言います。現在の言葉では両者がともに得をするwin-winの関係に相当します。

また、お布施をした後に「もったいないことをしたなぁ」と思ったり、「何か見返りはあるだろうか」と期待したり、「少しは感謝してほしい」などと、執着があるうちは、せっかくの布施であっても、その功徳は小さく、修行の意味を失います。

三輪清浄のお布施

お布施において重要なことは、施主（与える側）と受者（受ける側）と施物（提供するもの）が清浄であることです。これを「三輪清浄」と言います。

施主の清浄とは、せっかくお布施したのに感謝してもらえなかった、見返りがなかった、こんなことならお布施しなければよかったと考えないことです。受者の清浄とは、もっとたくさん欲しかった、高価なものをもらいたかったと思わないことです。頂くものはありがたく受け取り、それを有効に活用することを心がけます。そもそも差し出すものも頂くものも、ともに空《くう》（固定的で永遠不変の実体はない）であって、誰の所有物でもないのですから、それを気にすることは無意味です。そして施物はどこかで不法に得られた不浄なものであってはなりません。

日本では欧米ほど広まっていませんが、臓器を移植することも現代的なお布施のありかたです。この場合の三輪清浄とは、ドナー（施主）は臓器を惜しむことなく提供し、レシピエント（受者）はドナーが早く脳死判定されることを望まず、臓器（施物）は売買されたり不法に得られたものではないということでしょう。

さらにドナーの家族が快く賛同していれば「四輪清浄」、そして移植手術を行う病院や執刀医に功名心がなければ「五輪清浄」と言えます。いずれにせよ、仏教では臓器提供を布施の行として認めることになります。ただし、脳死が確実に人の死と認められることが大前提であることは言うまでもありません。

3　不邪淫戒《ふじゃいんかい》

経の要約文

一切の異性に対して故意に淫をせず、また人にも淫をさせない。むしろ敬いと誠実な思いで一切の衆生を救い、罪なき清らかな行為をもって接する。

制定理由

この「邪淫しない」という戒が制定される理由は、清らかな教えと行為をもって他者に接するべきでありながら、不浄な教えと卑劣な行為をはたらくことは、放蕩で愛欲におぼれ輪廻の原因になるからである。

邪淫の適用範囲

漢字では「淫」と「婬」のどちらも使いますので、ここでは特に区別はいたしません。古代インド以来、「律」というお坊さんの生活規範の中で、最も大きな罪とされていたのが淫・盗・殺・妄の四つでした。これを犯した場合には、どれほど懺悔しようと、問答無用でお坊さんの資格をはく奪され、仏教教団から追放されてしまいます。

在家者の場合はすべての淫を戒めているのではありません。配偶者との淫、すなわち夫婦間での性的行為は問題ありませんが、個人の自由意思に基づいて配偶者以外の異性と故意に性的関係を持つことを邪淫として戒めています。俗にいう不倫であり、法律用語では不貞行為に当たります。

不貞行為と無慈悲な強姦が罪の対象になりますが、たとえ夫婦であっても非時（斎日、妊娠中、出産直後、授乳時などの不適切な時）と、非処（廁所、公衆の面前などの不適切な場所）での行為は邪淫として禁じています。『瑜伽師地論』という書物ではこれに加えて、不適切な部位、不適切な回数、不適切な理由をもって強要することも同じく邪淫として禁じています。

これらの行為はすべて、自分本位の性欲を満たそうという無慈悲な暴力行為になります。ですから、お釈迦さまは『スッタニパータ』の中でちゃんと戒めています。

ものごとの解った人は淫行を回避せよ。燃えさかる炭火の坑《あな》を回避するように。もし不淫を修することができなければ、（少なくとも）他人の妻を犯してはならぬ。（三九六）

さらに『ダンマパダ』でも同じように戒めています。

・放逸で他人の妻になれ近づく者は、四つのことがらに遭遇する。すなわち、禍をまねき、臥して楽しからず、第三に非難を受け、第四に地獄に堕ちる。（三〇九）
・禍をまねき、悪しきところ（地獄）に堕ち、相ともにおびえた男女の愉楽はすくなく、王は重罰を課する。それ故にひとは他人の妻になれ近づくな。（三一〇）

世俗の不貞行為と仏教の邪淫

世の中の不貞行為（貞操義務違反）とは、通常は婚姻後に配偶者以外の相手と性的関係を持つことです。民法によると、結婚とは夫婦がお互いに貞操義務の契約を結んだことになるので、その義務を違反すれば離婚の原因として認められています。また、性風俗店等で性的な関係を持つことも貞操義務違反になります。法律的には義務違反なのですが、民事裁判では被害者における客観的な実害（心情・ストレスを含む）が判決を左右するようです。

しかし、近年は結婚観にも変化があって、オープンマリッジ（婚外交渉）という新たな夫婦関係があるようです。これまで通り家族として夫婦関係を維持しつつ、お互いの合意のもとで配偶者以外と性的関係を持つことだそうです。

では仏教の邪淫はどうでしょう。言うまでもなく夫婦であれば配偶者以外との性的関係も、また性風俗店での淫もご法度です。たとえオープンマリッジのように夫婦が合意した上であろうと、配偶者以外と性的な関係を持つこともご法度になります。

仏教の邪淫が世俗の不貞行為と異なるのは、貞操義務違反とか、配偶者を傷つけ悲しませる行為であるとか、あるいは社会の風紀を乱し、世間に悪影響を及ぼすという他者の問題ではないということです。あくまでも自分のこととして対峙する問題なのです。

淫をほしいままにするというのは、排除すべき貪欲を増大させる行為であって、それは自分の人格の向上に背を向けることとなります。浮気、不倫、オープンマリッジ、これらのどれであっても、煩悩によって引き起こされる行為だから抑止するのです。

人間の三大欲求

さて、人間の三大欲求と言えば、食欲・睡眠欲・性欲が挙げられます。このうち食欲と睡眠欲は人間が生存するために絶対に欠かせません。もし、この二つの欲求がなければ、食べたいとも思わず、寝たいとも思わないので、死ぬしかありません。ですから、食欲と睡眠欲というものは欲望であっても、これらは生存欲であり、生きてゆくためには適度に必要とされる本能としての欲望です。極端な断食や不眠不臥を仏教の修行であると勘違いしてはいけません。

そのように、自分の心身を痛めつける自虐的で禁欲的な行為は仏教では提唱していません。ですから食事は適切な分量をとり、睡眠も適切な時間をとることが必要になってきます。食欲と睡眠欲がないと、肉体も精神も弱ってしまい、正常な生活と修行が困難になるので、悟りに背を向けることになります。

では、三番目の性欲はどうでしょう。人間のみならず、生きとし生けるものにはみな生殖本能がありま す。人間の場合だと思春期に性欲が起こるのは正常です。むしろ性欲が起こらないことは本来的な状態とは言えないかもしれません。それは空腹なのに食欲がないとか、徹夜していながらまったく睡眠欲が起こらないことと同じです。

その点で言いますと、これら三大欲求はみな人間としての本能なのですが、食欲や睡眠欲と違って、性欲だけは個人が生存し続けるために不可欠かというと、そうではありません。性欲を満たすことがなかったとしても死ぬことはないからです。

ですから、これら三つの欲を同じように並べて人間の三大欲求と呼ぶことは、あくまでも仏教の立場からしますとズレていることがわかると思います。

仏教では、性欲は抑制し管理すべき修行なのですから、婚姻後は夫婦間の正淫だけを認めます。それ以外の邪淫は、自分を破滅へと導きかねないので、これを認めないのです。

淫欲のコントロール

さて、仏教では右に示したような世俗的な三大欲求ではなく、五欲を説いています。それは眼・耳・鼻・舌・身の五根という感覚器官が、色・声・香・味・触の五境という対象に執着して起こる欲望であり、これこそ修行によってコントロールしなければなりません。もし五欲がいつも盛んであったならば、とても正常な日常生活を送ることはできないでしょう。

邪淫においても、こちらの眼・耳・鼻・舌・身の五根が相手の色・声・香・味・触の五境に反応して起こります。

さて、『大智度論』には、この淫欲を離れることの難しさを説いています。

清浄な行為をする者は世間に対する執着がないので速やかに修行を完成します。ところが婬欲の激しい人は、ちょうど膠《にかわ》や漆《うるし》のようにべったりと接着して分離し難いようなものです。なぜかというと、体に快楽を受けいれてしまうと、婬欲の根が深くなるからです。だから出家者の戒の中では婬戒が最初に戒められているのです。

ひとたび淫欲に身を沈めると、粘着力のある膠や漆のように除去しがたいというのです。普通「膠漆《こうしつ》の交《まじわり》」とは、仲の良い親友同士のかたい友情を意味することわざですが、ここでは淫欲から離れられない強い執着の喩えとして用いられています。

ある仏典では「五欲は人を害すること毒蛇を踏むがごとし」と説いているように、快楽を求めて一時的に欲望を満たしたとしても、それはひとときの快楽でしかなく、最後は毒蛇に嚙まれて死ぬように、結局は自分の身を滅ぼすはめになるとあります。こうした事態をイメージしてみれば、決して邪淫はできないはずだと説いています。そして、ここでも『大智度論』には邪淫を犯した加害者の一〇種の不利益が示されています。たとえば、相手の配偶者から非難され、夫婦仲にひびが入り、財産と信頼を失い、親族や知人から嫌悪されるなどです。

お釈迦さまが説く夫婦円満のコツ

夫婦はオシドリ夫婦のように仲睦まじく暮らすに越したことはありませんが、いつまでも新婚気分を維持することはできません。

長年ともに生活していますと、お互いに相手の粗や癖が気になってきますし、価値観の相違から口論になることもあります。「子はかすがい」と言われますが、その子供に関わる問題で意見は対立しがちです。そうした時に、「ああ結婚するんじゃなかった」「もっと自分にふさわしい人がいるに違いない」などと頭をよぎるものです。

このままパートナーと仲良くやっていこうとするなら、邪淫は慎まなければならないと言うことです。これもまた、自分を守るためなのです。大切な自分を守るということは、その自分を支えている人のことも少しは気遣い配慮しなければ、自分を守ることにはなりません。

ありがたいことにお釈迦さまは、夫婦が仲睦まじく暮らすための極意について説いています。『尸迦羅《しから》越六方礼経《おつろっぽうらいきょう》』には以下のようにあります。

妻の夫への献身に五つある
①帰宅する際には玄関で迎える
②炊事と掃除をして帰宅を待つ
③他の男性に親しまず、罵られても反論しない
④教えに従い、財産を隠さない
⑤十分な休息を与える
夫の妻への献身に五つある
①家の内外で尊重する
②食事や季節に応じた服をプレゼントする
③アクセサリーもプレゼントする
④家庭内のあらゆる業務を任せる
⑤よそに愛人を作らない

このように、お互いに慈しみをもって配慮しあうことで夫婦の仲は維持されると説いています。男女共

同参画社会を目指している現在の政策からすると「?」というものもありますが、それ以外は概ね現在でも通用することでしょう。
さて、皆さんはパートナーにどれだけ配慮しているでしょうか。相手を尊重し配慮することは、自分を守るためだと心得て、今の自分にできる気遣いと配慮をしてみてはいかがでしょうか。

4 不妄語戒《ふもうごかい》

経の要約文

虚偽の言葉を語らず、また人にも語らせない。むしろ正しい見解を示し、正しい言葉で語り、またすべての人々にもそうするように導く。

制定理由

この「虚偽の言葉を語らない」という戒が制定される理由は、正しい見解を示し、正しい言葉を使うべきでありながら、凡夫や聖者を偽り欺いて、人々の心を惑わすことになるからである。

日常的な見聞知の妄語

妄語とはウソをつくことです。日常的なウソとは衝動的といいますか瞬間的に出てしまうことが多いのではないでしょうか。これはものごとを損得だけで考え、つい感情に流されてしまっているからでしょう。その心理とは、自分を良く見せたい、注目されたい、不利益を被りたくない、失敗を隠したい、地位・名誉・財産・立場を守りたいということです。あとで冷静になると、「ああ、またウソをついてしまった」と後悔したり、自己嫌悪したりするものです。

この日常的な妄語とは「見聞知の妄語」のことで、見ていないことを見たと言い、聞いていないことを聞いたと言い、知らないことを知っていると言うことです。このウソによって人を騙し、場合によってはその人に甚大な不利益を与えることになりかねず、何よりもウソをつくことは信頼を失ってしまい、共同体の中で孤立したり、あるいはそこから追い出されたりしてしまうことになるので、結局は自分が不利益を被ることになります。

小さなウソをつくと、それを隠すためにだんだん大きなウソをついてしまい、取り返しのつかない事態になってしまいます。とりわけ宗教者がつくウソは重大で、相手に大きな衝撃や不利益をもたらしかねません。なぜなら多くの人は宗教者の言葉を信じる傾向にあるからです。

政治家のウソも同じように、有権者に大きな打撃を与えることになります。「知りません」「記憶にございません」と言って逃れようとしても、その言葉がひらきなおったウソかもしれません。

ウソも方便

人に信頼してもらうには時間がかかりますが、信頼を失うにはたった一回のウソですみます。人間も動物も、どの社会であろうと互いの信頼関係で維持されています。ですから、積み上げてきた信頼関係を失うということは、自分の財産を失うに等しいのです。

ところで、「ウソも方便」と申しますが、たしかに使い方次第でウソは適切な方便（手段）になることもあります。しかし、これを乱用してしまえば、たとえ真実を語っても誰にも信じてもらえず、結局は自分で蒔いた種によって、自分が一番不利益を被ることになります。ですから『スッタニパータ』には、以下のよう説いています。

> 会堂にいても、団体のうちにいても、何びとも他人に向かって偽《いつわ》りを言ってはならぬ。また他人をして偽りを言わせてもならぬ。また他人が偽りを語るのを容認してはならぬ。すべて虚偽《きょぎ》を語ることを避けよ。（三九七）

「ウソも方便」と言う時の方便とは、聞いた人の都合が良くなるウソでなければなりません。言った自分の都合が良くなるウソを方便とは言わないのです。

純心無垢のような幼い子供であっても、悪いことをしでかすと、親に怒られたくないのでウソをつきます。ですが、たいていの大人は子供のウソに勘づいています。そこで、親は「ウソをつくと閻魔さまに舌を抜かれる」などと言うのです。これが方便です。

ウソという悪しき習慣が身につけば、それは自分の人格向上・自分貢献に反します。大切な自分の人格を育むことができるのは自分だけです。この世界で最も大切な自分に貢献するために、ウソはご法度なのです。被害者感情をこの問題の俎上にあげているのではありません。

これまでの戒と同じように、『大智度論』は不妄語戒を犯した者が被る一〇種の不利益を示しています。たとえば、真実を語っても信用されず、智者や賢者と会話ができず、悪い噂が世間に広まり、尊敬されず、誰からも無視されるなどです。

子供のころからウソばかりついて、それが矯正されないと、その習慣が身についてしまい、やがては詐欺師にもなりかねません。習慣とは癖です。生きていれば必ず何らかの癖は身につくものですが、それならば最初からよい癖をつけなければなりません。

余命宣告と妄語

妄語の適用範囲については、時と場所と相手によって異なることがあるので注意しなければならないでしょう。つまり、真実をそのまま伝えることが常に正しい判断とは限らないということです。それについて、江戸中期の浄土宗僧侶で戒律の復興に尽力した普寂《ふじゃく》徳門《とくもん》は、『菩薩三聚戒弁要』で次のように述べています。

目の前にいる人の機嫌や感情を損なわないために、自分の私利私欲がまったくなければ、事実と異なることを語っても破戒にはなりません。しかし、これを乱用し、自分の利益にしようという思いが入りこむと破戒になります。大切なのは、自分の私利私欲の思いに気づき、その不浄な思いでつくウソはあってはなりません。

これについて想起されるのは病人との接し方（看護倫理）です。不治の病によって余命幾ばくもないと診断された場合、看護者としてこの事実を本人に宣告するか否かということです。事実の通りに伝えれば持戒者ですが、それによって患者に精神的な苦痛や不安を強いることになれば慈悲行に反します。それでは「完治します」と伝えたらどうでしょう。おそらく患者の精神的苦痛は緩和されるでしょうが、それはウソですから破戒者になってしまいます。

看護倫理にあっては、患者の生命と尊厳と権利を尊重し、患者との信頼関係を築き、それに基づいて看護し、守秘義務を遵守しなければならない等、いくつもの規則が示されています。しかし、すべてのケースにこうした規則を機械的に適用することはできません。

余命告知を望んでいる人もいれば、望んでいない人もいます。つまり、余命を知って自分の人生を整理し、残された時間を有意義にすごしたいと思う人もいれば、その一方で全快に向かって希望を持ち続けさせてほしいと願っている人だっているでしょう。

先の『菩薩三聚戒弁要』にある「目の前にいる人の機嫌や感情を損なわないために、自分の私利私欲がまったくなければ、事実と異なることを語」るとは、自分の利益や欲望からウソをつくのではなく、相手の思いを推しはかり、自分の穢れた思いを捨て、相手の利益を配慮して語りかければ、たとえ事実を語っていなかったとしても、それは立派な慈悲行であって、決して妄語ではないということなのです。

仏教用語としての方便とは、「人々を導き救うための方法や手段」という意味です。もちろん方便ばかりでは困りますが、人をよい方向へと導くためであるならば、時として方便を用いることは許されます。

ネット社会の妄語

インターネットの普及によって私たちの社会生活は便利になりました。そのおかげで世界は狭くなったように感じられますが、一方ですぐ隣の人との距離はどんどん遠ざかっているようにも思います。

自宅に居ながら夫婦や親子が一階と二階でラインやメールでやりとりする家族が増えているそうです。会って話すから会話なのであって、会わずに文字を送受信するのですから、これは会話とは言えません。便利であっても「物は使いよう」ということを忘れてはいけないと思います。

便利なツールだけに依存した生き方は、必ずどこかに何かしらのしわ寄せがあるのではないかと思います。すべてのものごとには表と裏があるように、便利を享受する代償として、危険がセットであることに気づくべきなのです。

その最大の危険が国家機密や個人情報の漏えいと言われていますが、前者は私たち一般市民にはどうこうできる問題ではありませんし、後者にしても私などは出されて困る個人情報はないので、人生をひっくり返されるような事態にはならないかもしれません。

ただし、何気ない言動がネット上で拡散されてしまったらどうでしょう。しかも、そこに事実ではないウソが含まれていたら、それこそ人生をひっくり返されるような事態になりかねません。

現代のネット社会では故意にウソの情報を流すことがひんぱんにあります。匿名をいいことに好き勝手な事を発信しているのでしょう。それによって、無関係な人や誹謗中傷された人が不当に社会的な制裁を受けたり、信頼を失ったり、果ては自殺に追い込まれたりもしています。

故意にウソの情報を発信している人は面白半分に楽しんでいます。自分の欲望を満たすために人を傷つけている不届き者なのです。これはネット社会における妄語という大きな闇です。

匿名だからこそ当人の道徳観が問われてくるはずです。ウソの情報を発信したという罪悪だけではなく、その後もずっとそのウソの影響が消えずに残り、数年後に重篤な結末を迎えることにもなりかねません。

「行為」とはその瞬間に終わるのではなくて、その後の影響もふくめたひとつながりの流れとして理解すべきです。だからこそ、発信者は自分の行為とその後に及ぼす影響も含めて責任を負わなければなりません。これが仏教の「業《ごう》」の考え方です。

身業の妄語・意業の妄語

さて、『梵網経』の経文には「身心の妄語」とあります。ふつう妄語といえば、それは口業《くごう》(言語表現)の罪と考えがちですが、身業《しんごう》(身体行為)と意業《いごう》(心意作用)のウソもあるのです。いったいどういうことでしょう。

まず身業による妄語とは、動作によって人を欺き騙すことを意味します。たとえば凡人であるにもかかわらず、聖者のふりをすることです。言葉を発してしまうと凡人であることが露呈してしまうので、何も語らずに、ただ外見をつくろって聖人君子であるかのような清廉そうなふるまいや偉そうな動作をして視覚的に人を騙すことです。

あるいは学歴・職歴・家柄などをよく見せようとして、偽って履歴書や名刺を作ることもここに該当します。普通は実際よりもよく見せようとして妄語することが多いでしょうが、その反対に責任のある任務を引き受けたくなくて、過剰にへりくだり、自分を低劣で無能であるかのように見せかけることも身業の妄語にあたります。

次に意業による妄語とは、明らかに何らかの罪悪を犯してしまったという自覚がありながら、いかにも罪はないかのように、ひたすら黙秘して相手を欺くことです。

ウソというものは、一時的にその場を取り繕うことはできるかもしれませんが、時の経過とともに、たいていは露呈してしまうようです。その間、気づかれないだろうかと兢々としてすごし、さらにウソの上塗りをしてしまい、しだいにつじつまが合わなくなって、結局は自分で自分を追い詰めることになり、おまけに他人からの信頼を失ってしまいます。

信頼を失うのはたった一度のウソをつけばよいので、とても簡単です。だからこそ妄語は簡単に自分を苦しめることになるのだと思って抑止しなければなりません。

なお、口業の罪としては、この妄語の他に悪口《あっく》（粗雑で荒々しい言葉）・両舌《りょうぜつ》（両者を仲違いさせる言葉）・綺語《きご》（意味のない無益な言葉）があります。

5　不酤酒戒《ふこしゅかい》

経の要約文

顚倒・昏迷して罪を犯す原因となりかねないアルコールを販売せず、また人にも販売させない。むしろすべての人々に道理に明るく分別ある智慧を生じさせる。

制定理由

この「アルコールを販売しない」という戒が制定される理由は、衆生に智慧を生じさせるべきなのに、アルコールを販売することによって、彼らを昏迷させ怠けさせて、その結果として罪を作らせかねないからである。ただし薬用酒（健康酒）の販売は無罪とする。

酒類販売は飲酒よりも重罪

漢字の「酤《こ》」とは販売するという意味で、仏典では「沽」の字も使われています。五戒や八斎戒にある飲酒戒《おんじゅ》は、この梵網戒において軽戒の中で禁じられています。したがって、アルコールを販売する罪は、これを飲む罪よりも重い扱いになっているのです。

この戒は『優婆塞戒経』にすでに説かれていました。在家信者が実行すべき六重法の第六法に、以下のようにあります。

たとえ生活のためであろうとアルコールを販売してはならない。もしこれを破った者は在家信者としての戒に違反したことになります。

優婆塞《うばそく》とは男性の在家信者です。ちなみに女性信者は優婆夷《うばい》と呼びます。アルコールの販売行為は不特定多数の人を酩酊させ、それによって罪を作らせる原因となるから飲酒そのものよりも罪深いという判断なのです。飲酒するだけなら、それは本人が勝手に酩酊昏迷するにすぎないので、販売よりも罪は軽いとみなされます。

とは言え、アルコール依存症の人は、家族や周りの人にもたいへんな迷惑をかけてしまいますから、このようなことは一概には言えないと思います。

いずれにせよ販売すると、人に飲酒させることになるばかりか、その家族や周りの人にも波及し大きな問題になりかねないので、単なる不飲酒戒よりも罪は重いと理解されたのでしょう。

さて、経典や律の文献の中にはしばしば「酤酒の家」と見えています。これはアルコール販売業者のことで、そうした人に親しみ近づかないようと注意が促されているので、かつてのインドでは忌避されていた職業であったことは確かです。

この『梵網経』の十重禁戒と『菩薩瓔珞本業経』の十波羅夷《はらい》、そして先の『優婆塞戒経』の六重法においてみな不酤酒戒が定められています。中国で成立した前二経は故意による酤酒が禁じられていますが、インドの『優婆塞戒経』には「故意」とは説かれていませんので、いかなる理由であろうとアルコールの販売はご法度なのです。インドは例外規定をもうけませんが、中国はやや緩い縛りとなっていることがわかります。

酒類販売店

私が住職をつとめるお寺の檀家さんにも酒屋さんがおられます。お盆には店舗の中を通り抜け、その奥にあります自宅にあがって、お仏壇で廻向した後は、缶ビールを頂くことがあります。もちろん、お布施されたものですからありがたく頂きます。

酒屋さんは不特定多数のお客に販売して利益を得る商売です。これは仏教では破戒になってしまうのですが、『菩薩瓔珞本業経』に説かれている通り、「分持」が認められています。

「分持」とは「随分持戒」とも言い、十重禁戒のすべてを持つことができなければ、それぞれの能力や条件や生活環境にしたがって、一戒でも二戒でも持つという意味です。檀家の酒屋さんは生業《なりわい》（生活するために従事する仕事）としての酒類販売業をやめることはできないのですから、この酤酒戒を遵守せずとも、これを除く他の戒を実践していただければそれでよいのです。

増上寺第四五世の大玄の『円戒啓蒙』には、

この不酤酒戒とは、アルコールの販売を戒めています。ただし、それを商売としている人は除外されます。

とあり、また普寂徳門の『菩薩三聚戒弁要』にも、

酒類販売業者の中で、その商売をやめることができない人は、この不酤酒戒を除く他の戒を修めればよいのです。

と述べている通りです。戒は自分の能力・条件・環境、つまり年齢、性別、職業、地域、健康などの都合で、実践することが困難な戒までも守れと無理強いすることはありません。十重禁戒は生業としてその戒を守れない人に対しても、等しく開かれているのです。

飲食店経営者・酒造業者

酤酒戒に抵触するのは、なにも酒屋さんだけではなくて、メニューにアルコール類を掲出・提供して利

益を得ている飲食店も含まれます。

ところで、日本の交通事故の死亡者数は、一九七〇年の一万六七六五人をピークとして年々減少、直近の三年だけを見ても、二〇二〇年は二八三九人、二〇二一年は二六三六人、二〇二二年は二六一〇人だったそうです。死亡者数減少の背景には、シートベルト着用の義務化とエアバッグの導入が貢献しているそうですが、最も大きな要因は飲酒運転の厳罰化が施行されたことにあるようです。

最近ではさらに厳しくなり、運転することを知っていながら客にアルコールを提供すると、その飲食店も道路交通法により最高三年以下の懲役、または五〇万円以下の罰金に処せられてしまいます。つまりアルコールを飲まなくても、その販売提供が罪になるということです。これは、奇しくも現代の法律が梵網戒の酤酒戒にようやく追いついたようなものです。『梵網経』はとっくの昔に現在の状況を予想していたということでしょう。

さて、日本酒の製造は古くは朝廷の内部で行っていたのですが、実は平安時代から経済力と労働力を保有していた大寺院でも行われるようになったことは、あまり知られていません。そうした寺院で醸造・販売された酒を総称して「僧坊酒《そうぼうしゅ》」と呼んでいました。

有名なのは天野《あまの》酒《ざけ》でしょう。大阪河内長野市にある真言宗の天野山金剛寺で室町時代から醸造されていた日本酒です。江戸時代に一旦は製造中止となりましたが、現在は古式の製法を再現して「僧房酒」という名で復活しています。

また滋賀県東近江市にある百済寺《ひゃくさいじ》は天台宗のお寺ですが、やはり日本酒を製造していました。一五七三年に織田信長の焼き討ちによって製造は断絶しましたが、二〇一七年に四四四年ぶりに昔ながらの製法によって「百済寺樽《たる》」の名称で復活し、現在購入することが可能になりました。なお現在、お寺の中で製造しているわけではありません。誤解なきよう。

薬酒は無罪

経文ではすべてのアルコール販売を禁じますが、中国で天台宗を開創した智顗《ちぎ》（五三八〜五九八）は「薬用酒（健康酒）に関しては、利潤を求めて販売するとはいえ、人を酩酊させるほどではないので罪にならない」と述べているように、薬用酒については、それを服用しても酩酊しない程度の分量の販売であれば、これを認めています。

なるほど、アルコールは百薬の長とも言われるように、人に害をもたらすだけではなく、血流をよくし、体温を上げ、食欲を増進させる効果もあります。生薬を配合したような薬用酒であれば、健康維持としても、病気の気つけとしても飲用することもあるので、嗜好品でないかぎり、その販売を認めると言う判断なのです。

なお、販売のみならず、人にお酒を無理やり勧めることもこの不酤酒戒に含まれます。新年会、忘年会、歓送迎会など、アルコールが出される宴席では、相手が望まないにもかかわらず、無理強いすることは慎まなければなりません。犯せばアルコール・ハラスメントの加害者になり、不利益はさらに大きくなってしまいます。

6 不説四衆過戒《ふせつししゅかかい》

経の要約文

仏教徒の過失を吹聴せず、人にも吹聴させない。また非仏教徒が「仏法」と称して仏教以外の教えを説いたとしても、その過失をとがめない。むしろそのような人には慈悲心をもって教え導き、大乗仏教の善心を生じさせる。

制定理由

この「仏教徒の過失を吹聴せず、人にも吹聴させない」という戒が制定される理由は、慈悲心をもって悪人を教化し大乗の善心を生じさせるべきでありながら、同じ仏法に帰依する仲間を抑圧し正法を損なうことは利他行に背くことであり、正しい行為ではないからである。

人の過失を吹聴しない理由

この戒は、仏教徒である仲間が過失を犯したとしても、それを外部に漏らすことなく内部で穏便に解決しましょう、と理解できます。

さて、他人のあら捜しばかりをして、その過失を見つけると、ここぞとばかりに意地悪く指摘したり、激しく非難したりする人がいます。そればかりか、ところかまわずに暴露する人もいますし、最近ではSNSという手段を使って不特定多数の人に拡散する人もいて、それが大きな社会問題になっているのはご存知の通りです。

人の過失を吹聴して、ネット警察になったつもりでしょうが、自分の名前は隠しながら、相手の名前や住所、それに家の写真まで添えてその過失を並べ立てます。こうした人は自分に正義があると勘違いしている人です。自分の名前は公表せずに、ひたすら相手を誹謗中傷するのは、不公平でズルいやりかたです。そのことを、『ダンマパダ』には以下のように説いています。

他人の過失は見やすいけれども、自己の過失は見がたい。人は他人の過失をもみ殻のように吹き散らす。しかし自分の過失は、隠してしまう。狡猾な賭博師が不利な賽の目を隠してしまうように。（二五二）

他人からの誹謗中傷にいちいち気持ちを動かすことは愚かなことですが、いわれのないことを書きたてられれば悔しいやら、恥ずかしいやら、腹立たしいやら、負の感情を抑えることはできないでしょう。残念ながらSNSによる拡散は、これを未然に防ぎきることはできませんし、ひとたび拡散してしまえば回収することはほぼ不可能ですから、その罪はきわめて重いものです。そうしますと、もうこれは本人の道徳心に委ねるしかないということになります。あるいは自分が加害者の側になる可能性だってあります。自分がされて嫌なことは、人も不愉快に感じるのですから、それをイメージして不用意な中傷は慎むべきです。

そしてここでも重要なことは、被害者が可哀そうだから慎むのではなく、自分が加害者になることは、仏教徒として目指すべき人格者から遠ざかるから慎むということです。これをしっかりと認識いただきたいと思います。同じく『ダンマパダ』の句を紹介いたします。

他人の過失を探し求め、つねに怒りたける人は、煩悩の汚れが増大する。彼は煩悩の汚れの消滅から遠く隔っている。（二五三）

暴露するインド仏教

さて、これがもしインド以来の律であれば、およそ教団に所属する仲間に過失があれば、内部告発（公益通報）することによって、その教団内の清浄を維持しようとします。たとえば『四分律』に、以下のように説かれています。

ある比丘Ａが、他の比丘Ｂの犯してしまった粗悪な罪を知っていながら、それを内緒にしていた場合、比丘Ａは軽罪を犯したことなる。

仏教教団は、新月と満月に布薩を行います。これは月に二回、律の条文を読みあげ、この二週間に犯した罪を告白する集会です。その際に、ある比丘（二〇歳以上の男性の僧侶）が自らの罪を隠していたとしても、仲間の比丘がそれを知っていたならば、暴露すると言いますか、内部告発しなければなりません。もしそれを怠れば、仲間の比丘も罪に問われるからです。

仏教教団の運営はすべて在家信者から頂くお布施によって支えられていたので、比丘たちの修行生活は信者があってこそ成立します。もし教団の構成員が重大な罪を犯していながら、それを解決しようとしなかったならば、そのような教団は信者からの信頼を失いますから、お布施を受けられなくなり、結果的に教団の運営は困難になってしまいます。

そのような事態にならないように、当事者だけの問題とせず、教団に所属する構成員たちは、みなが当該比丘の犯した罪を共有することで、破戒の再発と蔓延を未然に防ぎ、清浄が維持されるよう心がけているのです。

これは古代インドだけの話ではありません。現在もスリランカ、東南アジア諸国、中国、韓国等の仏教教団は基本的にはそのような管理体制になっています。

隠蔽する中国仏教

ところが、面白いことに儒教が社会の倫理基盤となっている中国では、必ずしもインドのようではありません。共同体に所属する構成員は強い仲間意識を持ち、団結することで外部からの批判や攻撃に対応しようとする排他的傾向が顕著です。たとえば『論語』（子路一三）には以下のような話があります（金谷治訳注『論語』一八二頁、岩波文庫）。

葉公が孔子に話した。「わたしどもの村には正直者の躬という男がいて、自分の父親が羊をごまかしたときに、息子がそれを証明しました」

孔子は言われた。「わたしどもの村の正直者はそれとは違います。父は子のために隠し、子は父のために隠します。正直さはそこに自然にそなわるものですよ」

これは中国の「孝」という価値観を示す一例です。では、中国の仏教では仲間の犯した罪に対してインド仏教教団の価値観（暴露）で対応したのでしょうか、それとも中国の儒教的な価値観（隠蔽）で対応したのでしょうか。もし暴露を選べばインド以来の仏教倫理に適いますが、中国伝統の儒教倫理に反してしまいます。逆に隠蔽を選べば儒教倫理に適いますが、仏教の倫理には反してしまいます。

このように、インド原産の仏教を中国という新たな土壌に移植するにあたり、倫理観の違いが問題になったようです。もし「孝」を重視するならば、そもそも出家という行為は、親元を離れて孝行できないので「不孝」となります。これでは中国の社会に仏教は受け入れてもらえません。

そこで、以下のように説明するのです。「出家して親元を離れることは親不孝のようでも、それは一時的なもの。長い目で見れば、出家した子が仏教をしっかりと学び、後に現世と来世の福徳をもって実家の両親を導くことになれば、それは広大な親孝行になります。これこそ儒教の孝を超越した仏教の孝です」と。

こうした儒教倫理と仏教倫理の間に立ちながら、インド仏教の独自性を保持したまま儒教社会の中に融和させようとする営為こそが、中国仏教の担い手たちにとって最大の任務となっていたのです。

梵網戒の判断

さて、梵網戒が影響を受けたと言われる『優婆塞戒経』の六重法のうち、第五がこの「不説四衆過戒」です。

たとえ生きるためとはいえ、出家者と在家信者のいかなる罪も吹聴してはなりません。もしこの戒を破った人は在家信者の戒を破ったことになります。

暴露と隠蔽のどちらに従うべきかという選択に迫られたとき、『梵網経』の編纂者は、インド仏教教団における出家者の「律」の規定に従わず、この『優婆塞戒経』に説かれる在家者の「戒」に従いました。それは中国の「孝」を重んじる態度に沿うものだったからでしょう。

『論語』では、孝の精神から親族の罪悪を公表することを善行とみなしません。親族が罪人として処罰されるよりは、事前にその非を指摘し、認めさせて正すこと、つまり問題を閉鎖的な場で処理し、内部の秩序を保つことが孝道だというのです。梵網戒はインド仏教教団の法治主義を採用せず、儒教の徳治主義を採用したということになります。

『梵網経』では「孝を名づけて戒と為す」と説かれているように、〈戒＝孝〉という位置づけになっています。またあちこちに「孝順」を尽くすべきことが説かれています。つまり、仏教は決して儒教と対立する思想ではなく、融和することも可能であることを経典の中でお釈迦さまに語らせているのです。

しかし、『梵網経』は儒教倫理に融和しても、同化したのではありません。たとえば四十八軽戒の第二一軽戒では殺された国王の弔い合戦をしないこと、第四〇軽戒では国王や両親には礼拝しないことも説いています。また第四四軽戒では両親から頂いた身体の皮を剝いで紙とし、血液を墨とし、髄液を水とし、骨を筆として梵網戒を書写することを説いています。これは明らかに儒教倫理に反しています。なぜなら、『孝経』冒頭の開宗明義章第一に、

自分の身体と髪の毛も皮膚も、すべて両親から頂いた大切なものです。これを傷つけ損なわないように大切にすることが、親孝行の始めです。

とあるからです。親から受けついだ自分の肉体を傷つけ髪の毛を切ることは孝道に反した行為となります。古代中国の聖人君子が長髪で髭をたくわえた姿として描かれた絵像をご覧になったことがあると思いますが、あれは象徴表現であって、視覚から儒教倫理をイメージさせようとしているのです。

いずれにせよ、インド・中国折衷の梵網戒は、儒教の倫理観を受容し調和するとしても、そこに完全に埋没していたのではありませんでした。

7　不自讃毀他戒《ふじさんきたかい》

経の要約文

自分のよい行為を自画自賛せず、他人の過失も誹謗せず、また人にもそのようなことをさせない。むしろ誹謗中傷は自らが甘んじて受け、称賛は他者に譲る。

制定理由

この「自画自賛せず、他人の過失を誹謗しない」という戒が制定される理由は、不利益を自らが受け、利益を人に向けるべきでありながら、自分の福徳を持ちあげ、他人の善を隠した上に誹謗中傷することは正しい行為ではないからである。

もの言えば唇寒し秋の風

この戒は、自分の地位と名声や利益を高めるために、自らを称賛して慢心をいだき、またその反対に他人を貶めることです。したがって、先ほど解説しました第六重戒の不説四衆過戒と似ていますが、こちらは単に相手の過失を吹聴するだけにとどまらず、さらにすすんでその過失を激しく口撃することにまで及んでいます。

自分を褒めて他人を謗るのはありがちなことです。心あたりはないという人も、ただ気づいてないだけで、過去には一度ならずあったことでしょう。『スッタニパータ』には、

自分をほめたたえ、他人を軽蔑し、みずからの慢心のために卑しくなった人。かれを賤しい人であると知れ。（一三二）

とあり、また『ダンマパダ』にも、

他人の過失を見るなかれ、他人のしたこと・しなかったことを見るなかれ。ただ自分のしたこと・しなかったことだけを見よ。（五〇）

と説かれているように、この不自讃毀他戒はインドの古い経典以来、慎むべき訓戒となっています。また中国の善導大師の『般舟讃』の初めにも、

他人にとって縁のある教えや修行を軽蔑批判しつつ、自分にとって縁のある教えばかりを賞賛してはならない。

と説いているのは、おそらくこの「不自讃毀他戒」を意識していたのだと思います。さらに日本でも松尾芭蕉のよく知られた言葉があります。

人の短をいふ事なかれ　己が長をとく事なかれ　物言えば唇寒し秋の風

これなどはこの戒にうってつけの格言です。他人の欠点や落度というものは目についてしまうもので、つい余計なことを言ってしまいがちです。そして、自分のことは誰も褒めてくれないものだから、問われてもいないのに自慢話をはじめてしまいます。

自慢話をしたところで人を感動させることはありません。聞かされている人は「そうか、この人はきっと自慢したいのだろうなぁ」とうすうす感じとるものです。本人にしても自讃し毀他したあと、冷静になってみると誇らしい優越感などはなにもなく、むしろ虚しさだけが残って、「あぁ、また言ってしまった……」と自己嫌悪に陥ります。「物言えば唇寒し秋の風」……。秋風のように寂寞とした寒々しい思いにかられ、誰の得にもなりません。

批判された時の心の対処法

この世界に批判されない人などいません。ですから他人からの賞賛にも批判にも心を動かすことなく、いつもフラットな精神状態でいることが大切です。『ダンマパダ』に以下のように説かれている通りです。

ひとつの岩の塊が風に揺るがないように、賢者は非難と賞賛とに動じない。（八一）

しかし、我われは称賛されれば小踊りしたくなりますし、批判されれば落ち込んだりもします。自分の心でありながら、自分ではコントロールできないもどかしさを感じています。

他人からの一方的な批判は、これを食い止めることはできませんから、それは放っておいてよいのです。不慮の事故か天災に遭遇したのだとあきらめましょう。個人的なことで言えば、私はどれほど多くの人から酷く批判されたとしても、私の理解者がこの世に一人いてくれたら、それだけで前向きに生きていけます。理解者は大勢いりません。

考えてみますと、批判された言葉に悩んだり落ち込んだりすることは、実は批判者の思うツボではないでしょうか。批判者は相手をイライラさせよう、不安定な精神状態にさせようとして口撃しているのですから、そうした批判に心を動かしていたら、それこそ批判者に自分の心を握られているようなものです。

また、他人がどれほど批判し罵倒し誹謗・中傷しようと、それは他人が勝手に考えていることなので「他人事」としか言いようがありません。自分の人生を左右するほどのことではないので聞き流して結構です。自分の人生にとって「他人事」は重大なことではありません。それよりもっと重要な「自分事」に時間をかけて気にするべきです。

相手の信仰を尊重する

私が住職を務めるお寺の檀家さんのことです。ご自宅にはお仏壇があり、お寺にもご先祖のお墓があるのですが、ご両親が相次いでお亡くなりになってほどなくすると、娘さんが来られて離檀を申し出られました。ある宗教に入信しているので、今後は檀家ではいられないとのこと。彼女が信じている宗教は狂信的なカルト教団ではありませんが、私はご先祖のお位牌とお墓を継承し供養することの意味などをお伝えして、なんとか翻意するように促してみました。

しかし残念ながら力及ばず、彼女の信心はとても強く、その意思は動きませんでした。その揺るぎない信心にはむしろ頼もしさすら感じられたので、ご自身の信仰を大切になさってくださいと申し上げ、円満に離檀となりました。

この檀家さんも、そして私自身も、結局は自分が信仰している教えが正しくて、しかも相手が信仰している教えよりも勝っているという優越感がどこかに潜んでいます。その慢心が表に出てしまうと、自分の正当性をただ押し付けているだけになりますから、相手にとっては迷惑であり、または恫喝とすら受けとられてしまうかもしれません。これでは「毀他」そのもの、破戒行為そのものです。

大切なことは、自分の宗教観は、他人のそれとは同じではないということをお互いが認め合うことです。

生まれ、育ち、教育、経験、信条などは、人によってみな同じではないので、宗教観が異なるのは当然です。

誹謗中傷されて不愉快な思いをしたことがあるなら、それは相手も同じことでしょう。自分との違いを一つひとつ捜しては批判するのではなくて、違うという事実を知り、むしろよい部分を見つけだし、相手の信仰を尊重したいものです。それのほうがお互いに気持ちよい関係でいられるはずです。「誹謗・中傷は自らが甘んじて受け、称賛は他者に譲る」ことが、この不自讃毀他戒で心がけることになります。

すべては因縁による

さて、作者の名前は知りませんが、次の一句があります。

花開く　天地いっぱい　総がかり

野辺に咲くたった一輪の花であっても太陽・雨・土の恵みがゆきとどいて、それを葉・茎・根で受けとめています。根はずっと湿った土の中で、人目につかないところにあります。決して表に出ることはありません。しかし、その根がなければ水分や栄養分を内に取り込むことはできません。次に茎があります。根が吸収した水分と栄養分を引力に逆らって上に届けています。そのさらに先では葉が太陽の光を受けて光合成をしています。このように下からも上からも力を合せ、因縁和合することで一輪の花を咲かせることになります。

花が開いたのは、太陽・雨・土・葉・茎・根など天地いっぱい総がかりの共同作業の成果なのに、ほとんどの人は綺麗な花が咲いているという結果だけを見て、他には注目しようとしません。

人も同じです。個性的で自分らしい色の花を咲かせることは大切なことです。でも自分だけが個性的な花だと誇り、そうでない者を貶めるのではなく、自分では気づかない多くのご縁によって支えられて花開いていると気づくことができるなら、そんな簡単に他人を傷つけるようなことは言えるはずがありません。

自分と同じく他人も多くの因縁によって存在しているのですから、その人を口汚く罵ることは、その人を支えている多くの人たちにもその罵声が向けられていることをイメージしなければなりません。

この不自讃毀他戒は、自分と他人を比べることで驕慢になり、また相手を値踏みして軽蔑することです。仏教では他人との比較は一番してはならないことです。それは自分自身の煩悩がいっそう増大し、必ず自他ともに不利益・損害を与えてしまい、自分貢献になり得ないからです。『スッタニパータ』には以下のようにあります。

人が生まれたときには、実に口の中には斧が生じている。愚者は悪口を言って、その斧によって自分を斬り割くのである。（六五七）

愚かな人は鋭い斧のような口撃によって相手を誹謗中傷しているつもりでも、その斧は本人の口から出ているので、それを振り回せば結局は自分を傷つけてしまうのです。

人からの評価を気にしたり、他人と自分を比較したりしても意味がないのに、他人からの評価や他人との優劣を気にするから、自讃毀他してしまうのです。口から出た言葉はもとに戻りません。そして誰からも相手にされず孤立してしまうだけでしょう。

以上がお釈迦さまの説いた不自讃毀他戒ですが、細かな内容など知らなくても平気です。ただ「物言えば唇寒し秋の風」と覚えてください。それすらも覚えられなければ「口は災いのもと」でも大丈夫です。

8　不《ふ》慳惜《けんじゃく》加《か》毀《き》戒《かい》

経の要約文

物品を求める貧者や仏法を求める信者に対して施しを惜しんだり罵ったりすることなく、また人にもそのようにさせない。むしろ求めてくる者には惜しみなく与える。

制定理由

この「求めに応じて施し、相手を罵らない」という戒が制定される理由は、物品を求める貧者や仏法を求める信者に適切に対応すべきでありながら、彼らを誇り辱めることは衆生教化に違反することであり、それは正しい行為ではないからである。

慳惜と加毀で重罪になる

この戒も第七の不自讃毀他戒が自讃と毀他の両方が合わさって重罪になったのと同じように、慳惜《けんじゃく》（もの惜しみ）と加毀《かき》（物品を求めてくる者を謗ること）の両方がそろうと重罪になります。

まず不慳惜とはもの惜しみをしないことなので、布施を勧めていることになります。仏法や財物を乞い求める者に惜しみなく与えるのが正しい修行であるにもかかわらず、わずか一句・一偈・一微塵ほどの仏法を惜しんで教導せず、また一銭・一針・一草の財物すらも惜しんで与えないことは菩薩の精神に反します。

そして不加毀とは、求めてくる者を罵倒し謗ることを戒めています。この戒は、財施（財産を布施すること）と法施（仏法を布施すること）の二施を惜しまず、求めてくる者を無慈悲に罵らないという戒めになります。

もの惜しみして与えないことは、貪欲という執着から離れていないことになります。これは第二の不偸盗戒でも述べたように、「与えられない物を受け取ってはならない。むしろ与えなさい」という内容でした。自分のものを与えるという行為は、世間の教えにおいても賞賛に値する行為でしょう。困っている人や天災などで被災した人々に自分のものをこころよく提供することは善行になります。

ただし、仏教において自分のものを提供するのはお布施であり、これは修行とみなされます。布施行とは、困っている人や被災した人のためを思ってするのではなくて、所有物に対する執着から離れ、それにともなう苦悩を軽減すべく、自分のために行うものです。

つまり布施はそれ自体が目的なのではなく、貪欲という煩悩を削ぎ落すための手段ということになります。そして、それが結果的に受け取った人のためにもなる、いわば win-win になることが大切です。これこそ大乗仏教の「自利即利他、利他即自利」の教えに他なりません。

では、「慳惜」と「加毀」に分けてもう少し詳しく解説しましょう。

慳惜について

まずは「慳惜《けんじゃく》」について。原始経典の『スッタニパータ』には、貪欲ともの惜しみを離れるべきことが説かれています。

修行者は、非難されてもくよくよしてはならない。称賛されても高ぶってはならない。貪欲ともの惜しみと怒りと悪口とを除き去れ。（九二八）

また、『大智度論』には慳貪について、以下のような偈が見られます。

慳惜は凶暴で衰弱する姿　　これにより憂いと恐怖が生じる

しかし布施の水で洗えば　福徳と利益が生じる
慳惜して衣食を与えなければ　命尽きるまで歓楽はない
たとえ財産があろうと　貧困と異ならない
慳惜する者の部屋と家屋は　あたかも墓場のよう
求める者も遠く離れ　みなからは無視される
このように惜しむ者は　智者にも捨てられ
生きていても　死んでいるに等しい
慳惜する者に福徳と智慧はなく　布施をする堅い志もない
死の穴に堕ちかけながら　生存にこだわって苦悩する

『大智度論』では財施と法施を比較し、後者がより優れていると説いています。なぜなら財施の果報は限りがあって、所詮は欲界（欲望に満ちた世界）に生まれ変わる程度にすぎませんが、法施の果報は限りがなく、神々の世界に生まれ変われるからです。

また財施はこれを行うことで施主の財産は減少してしまいますが、法施の場合、施したからといって手元の仏法が減ることはなく、むしろ功徳が増えます。さらに財施を受けた人は飢渇寒熱や肉体的な苦しみを治療し軽減することができるとしても、法施を受けた人は煩悩を治療し軽減できます。ですから財施よりも法施のほうが勝れているのです。

もの惜しみする罪においては、財施をしないことよりも、法施をしないことのほうが罪は重くなってしまいます。法施を惜しむとは、自分だけがあたかも秘密の仏法を知っていると誇ったり、出し惜しんだり、また怠慢からあえて教えようとしないことであり、これは菩薩の慈悲の精神に反します。

どの程度与えるのか？

惜しみなく与えるとはいえ、いったいどの程度まで与えるのかが問題になります。たとえば全財産や夫や妻子を求めてくる者にも、すべてを差し出さなければならないのでしょうか。また延々と説法を要求してくる者にも、相手が満足するまでいつまでも対応すべきなのでしょうか。

これについて中国天台宗の智顗は、在家の菩薩は二施（財・法）を、出家の菩薩は四施（紙・墨・筆・法）を、さらに高位の菩薩は三施（王位・妻子・頭目皮骨）を、そして凡夫については、「凡夫の菩薩は宜しきに随って恵み施すべし」と述べています。要するに、自らの能力や条件に応じた布施をそれぞれが行うことを勧めているのです。

自分の命に関わるような布施や、平穏な生活が壊れかねないような過激な布施、心身の苦痛がともなうような布施は、布施の本義ではありません。ですから近世の増上寺住職の大玄は『円戒啓蒙』の中で、「自ラノ力ニ随ヒテ、乃至一銭ナリトモ与ベシ」と述べ、自分の能力や条件に応じて可能な範囲で布施することだと解釈しています。

また江戸中期の浄土宗僧侶である敬首は『瓔珞和上説戒随聞記』の中で、他人から無理な要求をされた時は、ちり紙一枚の施しでもかまわないと述べ、前出の徳門普寂も『菩薩三聚戒弁要』において、国城・妻子・頭目髄脳を求められたら、慚愧の思いをいたしつつ、力の及ぶ範囲で布施しましょうと述べています。

加毀について

次に「加毀《かき》」について説明しましょう。智顗が「手や杖を以て駆斥す」と述べているように、暴言のみならず暴力行為も「加毀」に含まれます。また、新羅の太賢がこの戒を「慳生毀辱戒」と呼称しているように、戒の名称に「辱」とありますから、ただ罵るだけではなく、乞い求めてきた者を辱《はずかし》めることも「加毀」に含められます。

考えてみれば、飲食であれ、衣類であれ、もちろん金銭にしても、これを他人に乞うということは、たとえ親族や親しい人に対してであっても心苦しいものです。それでも乞い求めるのは、やむを得ない理由があるからでしょう。誰も好んで貧しい生活をしているわけではなく、できることなら豊かでありたいと願っています。しかし、何らかの因縁によって思い通りの生活ができなくなるのです。

人間は最低限の衣食住が確保されないと生きていられない動物です。生きるために恥を忍んで乞い求めてくる者に対し、軽蔑しながら罵倒し批判し、無慈悲に辱めるような行為をすべきではありません。

『ダンマパダ』には、以下のようにあります。

荒々しい言葉を言うな。言われた人々は汝に言い返すであろう。怒りを含んだ言葉は苦痛である。報復が汝の身に至るであろう。（一三三）

人はやられたら同じ痛みを相手にも味あわせてやろうと仕返しをしたがるものです。仕返しの応酬はいつまでも終わりません。だから荒々しい言葉を使わず粗暴な行為もせず、慈悲をもって相手に接することが菩薩の態度となるのです。

9　不《ふ》瞋心不受悔戒《しんじんふじゅけかい》

経の要約文

怒りの感情から粗暴な言葉で人を罵り辱《はずかし》めたり、手や武器によって危害を加えたり、相手の懺悔に怒りの心で拒絶したりせず、また人にもそのようにさせない。むしろ怒りや争いのない敬上慈下の思いを持って人に接する。

制定理由

この「怒りを抑えて相手の懺悔を受け入れる」という戒が制定される理由は、争いを起こさず、また犯した罪を認めている人には、むしろ慈悲心を持って穏やかに接するべきでありながら、それを行わないことは菩薩の精神に背反することになり、また正しい行為ではないからである。

怒りについて

瞋心とは怒りの感情という意味ですから、この戒は心に灯ってしまった怒りの炎をコントロールせよということになります。ところでこの「怒る」と似た言葉に「叱る」がありますが、両者の意味は同じではありません。

「怒る」は感情的に脅迫・恫喝することで、「叱る」は理性的に教育・指導することでしょう。これについて前出の普寂が『菩薩三聚戒弁要』で述べています。それによると、瞋には「順理の瞋」と「違理の瞋」があるとして、このうち「順理の瞋」とは相手に明らかな罪悪があって、それを道理に順じて正す瞋(=叱る)であり、「違理の瞋」とは相手の善悪に関係なく、道理に違反して罵る瞋(=怒る)です。前者には理性がありますが、後者には理性がなく、ただ感情にもとづく行為です。この戒では言うまでもなく後者の「違理の瞋」が破戒になります。

怒りの原因

怒りは感情ですから、事に触れて突発的・瞬間的に起こります。怒りっぽい人というのは、そのような感情になることに馴染んでしまっているので、仏教では怒りを心の病（煩悩）と診断します。

思わず感情的に激高してしまったとしても、すこし時間がたちますと、言いすぎてしまった、やりすぎてしまったと後悔することが多いと思います。暴言を吐き暴力を行使することによって、気持ちがすっきりして、気分爽快になったと思う人はあまりいません。いつも後味が悪いもので、何かしこりのようなものが残ります。

こうした怒りの原因とは何でしょうか。もしそれがわかれば適切に対処できるようになります。ここでは怒りの原因がどこにあるのかを考えてみましょう。

日常生活の中で不愉快なことをされたり、腹立たしいことを言われたりするのは珍しいことではないので、とっさに反応して怒ってしまいます。しかし、怒る前に周囲を見渡してみましょう。同じように不愉快で腹立たしいことを言われたりされたりしても、いつもと変わらずに平然とすました顔をしている人だっています。

このように相手の言動に接したとき、即座に反応して怒る人もいれば、まったく怒らない人がいるという事実は、怒りの原因は相手の言動ではないということになります。それでは何が怒りの原因なのかというと、怒っている本人の心にあるとしか言いようがありません。

怒りとは、相手の言動に自分の心が感情的・突発的に反応してしまった結果として起こります。一方、同じような言動をされながら平穏な心を維持している人は、相手の言動に対して感情的に反応しなかったから怒りが起こらないのです。

自分を怒らせる原因が相手の側にあると思い込んでいるうちは、怒りは終息しません。怒りはしばしば炎にたとえられます。その怒りの炎はどこで燃えているのかと言えば、それは他でもなく怒っている本人の心の中で燃えているのです。教訓的な韻文とその由来について譬喩物語を散文で注釈した『出曜経』という経典には以下のように説いています。

炎を手に持ちあげて風に逆らうと、その火で自分を焼くことになる。だから怒りの炎を降ろして、これが起こらないようにせよ。

怒りの炎は自分の心で激しく燃えているのですから、相手を焼く前に、自分自身を焼き傷つけることになります。だからこそお釈迦さまは怒りをコントロールせよ、さもないと自分の煩悩の火に包まれて焼かれてしまい、再び輪廻を繰りかえすことになるぞ、と警告したのです。自分で自分の身を焼くことほど愚かなことはありません。

怒りを制御する

自分が怒ったのは相手の言動が原因なのではなく、感情的に反応してしまった自分自身の心であったということがわかりました。怒りの原因が相手ではなくて自分の側にあることに気付けたのはラッキーです。なぜなら原因がもし相手側にあると、相手を改心謝罪させることは困難だからです。自分の心に原因があるならば、なんとかコントロールできそうです。

皆さんは他人から激しく罵られたとき、どのように心をコントロールしているでしょうか。相手と同じように自分の心に怒りの炎を燃えあがらせて、その炎を相手に向けて罵りかえすでしょうか。もしそのようなことをすれば、その炎は相手に届く前に自分を焼きつくすということをまずは自覚しましょう。

次に、相手が激しく罵ってくるのは、理性ではなく、感情が暴走しているにすぎないので、こちらも同じように不用意に感情的になって向き合えば、決して問題は終息しません。相手が感情なら、こちらは理性で対処しようと決めましょう。

人間には感情と理性があって、感情は対象や外からの刺激に対して起こる突発的・一時的な情動です。喜怒哀楽、好き嫌い、快不快など、ものごとを情緒的に捉えると、後の事態を冷静にイメージすることはできません。一方の理性は思慮分別のある思考で、その行為によって後にどのような結果になるかを冷静に予想して判断します。ここでは仏教の説く真理にもとづく論理的な判断力のことです。

お釈迦さまは感情を抑えて理性をはたらかせなさいと教えています。怒りとは明らかに感情に関わる危険な行為だからです。感情が発端となってなされる行為はろくなものではありません。

怒りを抑止する早くて確実な方法は、自分の心についた怒りの炎を、自分で消すことです。理性によって自分の心の状態を変えることが怒りを抑える確実な方法なのです。

では怒りに対処する理性とはどのようなものでしょう。それは「忍辱《にんにく》」です。忍辱とは辱《はずかし》めに耐え忍ぶという意味ですが、これは「我慢」とは違います。我慢は道理を知らずにただ耐えることで、自分の中にある怒りの感情を無理やり封じ込めるのですから、一時的な効果しかありません。何かのきっかけで再び爆発してしまう可能性があるので問題の解決にはなりません。

それに対して忍辱は理性によって論理的に怒りを鎮めることですから、何があろうと再び爆発することはありません。

理由もなくただ我慢しなさいと教えるのは世俗にありがちなモラルですが、しかるべき理由を示して忍辱しなさいと教えることが出世間（仏教）のモラルです。忍辱については第二節「摂善法戒」の③忍辱で詳しく述べたいと思います。この理性的なモラルをもう少し追求すると、「不受悔」ということになりますので、次にそれを説明します。

許すのは自分のため

この第九戒の後半は「不受悔」と言われるように、相手の懺悔を受けつけないことを戒めるとともに、どのような加害者であっても本心から懺悔しているならば、完全に受け入れて許すということが説かれています。

ところが、もし大切な人を殺されたり傷つけられたりしたら、あるいは大切なものを壊されたりしたら、相手がどれほど懺悔し謝罪したとしても、とても許す気持ちにはなれないかもしれません。相手にも同じような苦痛を味あわせてやりたいと思うのが普通かもしれません。そうした激しい怒りの炎を消して相手の過ちを許すということは、あまりにも精神的な負担が大きく、心のエネルギーを多く消費することになります。

しかし、仏教では耐え忍び、受け入れ、許すという行為そのものが修行になります。怒りや恨みは仏教では煩悩なのですから、これらを捨てるということは、結局は執着を捨てるという修行になるのです。相手を許さないことは感情の表われですが、許すということは理性であり、それ自体が修行になっています。

もちろん、すぐに相手を許すことはできないかもしれません。時間はかかるかもしれませんが、よく考えてみてください。いつまでも怒りの思いにかられていることは、はたして自分のためになるでしょうか。来る日も来る日も加害者の顔が脳裏から離れず、怒りや恨みや悔しさを手放さないで生きていくことは、腫れ物を治療しないままに生きているようなもの、大きな重荷を背負ったまま生きていくようなもので、とても辛いことです。

憎らしい相手の顔ばかりが頭に浮かんで、それによって大切な自分の時間や日常生活が奪われてしまいます。そのような生き方は、加害者から永遠に拘束され支配され続けているようなもので、二次被害を受けるに等しいのではないでしょうか。はたしてそれは安楽な生き方と言えるでしょうか?

それよりも、自分の心の中にわだかまっている重荷を捨て、人生を前に進めるほうがよいのです。これ以上の被害を受けないために、相手を許すという真逆の発想が必要なのです。

その時に重要なことは、相手のために許すのではなくて、自分のために許すということです。今後の大切な自分の人生を守るために相手を許すということです。したがって、相手を許すということは目的ではなく、手段にすぎないということになります。これが仏教的な考え方です。

もし「死んでも許すものか」と心に決めてしまえば、恨みや憎しみといった負のエネルギーを捨てるチャンスを逃すことになります。最後に『ダンマパダ』の経文を示しておきます。

実にこの世においては、怨みに報いるに怨みをもってしたならば、ついに怨みの止むことがない。怨みを捨ててこそ止む。これは永遠の真理である。（五）

10 不《ふ》謗《ほう》三《さん》宝《ぼう》戒《かい》

経の要約文

仏・法・僧を誹謗せず、また人にも誹謗させない。むしろそのように誹謗する外道、悪人、邪見の人を見かけたら、そうした人に信仰と尊敬の思いを生じさせる。

制定理由

この「仏・法・僧を誹謗しない」という戒が制定される理由は、悪人や邪法を信奉する人に心を痛めるべきでありながら、逆に彼らに同調することは自己のよりどころとする教えに背くことになり、正しい行為ではないからである。

仏教とは三宝そのもの

十重禁戒の最後に定められているこの戒は、結局のところこれまでの九つの戒を総括していると言えます。つまり三宝を謗らず、むしろそれを大切にするということは、仏教的な価値観によって自分貢献することなのですから、結局のところ第一の不殺生戒から第九の不瞋心不受悔戒までを実践することに他なりません。

さて、仏教とは何かと質問されたとき、皆さんはどのように答えますか？　仏（悟った人）の説いた教え、仏になるための教え、真理の教え、縁起の教え、輪廻の苦しみを超える教え、四法印（諸行無常、諸法無我、一切皆苦、涅槃寂静）など、いろいろな答え方があってよいのですが、私には抽象的すぎたり、また何かが欠けていたりするように思えます。

そこで私は、「仏教とは仏・法・僧の三宝です」と答えることにしています。三宝とは仏教を説明する際の条件をすべて満たす広い概念です。法宝を説いたのが仏（仏宝）であり、法宝を継承しているのはサンガ（僧宝）ですから、三宝は仏教のすべてを網羅します。ですから三宝を謗るとは仏教のすべてを謗ることになります。

誤解されないように補足しますと、日本語で「僧」と言いますと、お坊さんを意味します。ですから多くの人は「僧侶」を略した言葉だと思っているようですが、それは違います。「僧」とは、インドのsaṃgha（サンガ）と発音が似ている漢字の「僧伽」（推定中古音 səŋ-kʲɑ）を略したものです。

そのsaṃghaとは、正式に授戒した比丘（二〇歳以上の男性の出家者）と比丘尼（二〇歳以上の女性の出家者）の「集まり」を意味します。正式には出家者集団という意味になりますから、「僧団」と呼ぶのが相応しいでしょう。

誹謗せず、帰依する

仏教徒になったからには、仏教そのものである三宝を誹謗中傷しないのは当たり前のことです。むしろ、すすんで帰依する（よりどころとする）ことを推奨します。

①仏宝への帰依…我われに真理を説いて導かれるブッダ（仏）をよりどころとする
②法宝への帰依…仏が説かれた真理の教えであるダルマ（法）をよりどころとする
③僧宝への帰依…法を実践しそれを人々に伝えるサンガ（僧）をよりどころとする

仏・法・僧をまとめて「宝」というのは、これらに穢れがなく、人々に利益をもたらすからです。この三宝を謗らず帰依することは、仏教徒になる最初の段階としての授戒儀式で、今後は三宝をよりどころとした生活を送ることを誓う作法をすることになっています。その作法で唱える文を「三帰依文」と申しまして、以下のように短い文章です。

人身《にんじん》受け難《がた》し、今すでに受く。仏法聞き難し、いますでに聞く。この身《み》今生《こんじょう》において度《ど》せずんば、さらにいずれの生《しょう》においてかこの身を度せん。大衆《だいしゅう》もろともに、至心《ししん》に三宝《さんぽう》に帰依し奉《たてまつ》る。

自ら仏に帰依したてまつる。まさに願わくは衆生とともに、大道《だいどう》を体解《たいげ》して、無上《むじょう》意《い》を発《おこ》さん。

自ら法に帰依したてまつる。まさに願わくは衆生とともに、深く経《きょう》蔵《ぞう》に入りて、智慧、海の如くならん。

自ら僧に帰依したてまつる。まさに願わくは衆生とともに、大衆を統理《とうり》して、一切無碍《むげ》ならん。

帰依する理由

さて、『究竟一乗宝性論』では、仏法僧を「宝」と表現して帰依する理由について六つあると説いています。

①俗世間では得がたいから　②穢れがないから　③威力や功徳があるから
④世界を飾りたてるから　⑤最も優れているから　⑥変化しないから

本書ではとりわけ①と⑥を強調してきたつもりです。また『大智度論』には譬喩を用いて三宝を言い表しています。「仏の法を車とし、弟子を馬、実の法宝を主《つかさど》る仏は調御なり」として、三宝を馬車に喩え、仏は調教者、法は車、僧は馬で、どれか一つでも欠けてしまえば、馬車は目的地にたどり着くことができないように、三宝の一つでも欠ければ、悟りという目的地には到達できないと説いています。

さらに「仏は医王のごとく、法は良薬のごとく、僧は瞻病人（看病人）のごとし」とも説かれています。もし「三宝に帰依する」という表現がわかりにくければ、「仏教を心の支えにする」「人生のよりどころにする」と言い換えても結構です。

ところで、聖徳太子（五七四〜六二二）と言えば用明天皇の皇子で、叔母の推古天皇の摂政となり、蘇我馬子とともに中央集権国家体制を樹立した仏教徒だったと伝えられています。太子は官僚の政治に対する心得を正すべく憲法十七条を制定しました。その第二条には「篤く三宝を敬え」（心から三宝を尊び敬いなさい）とあるように、仏教精神による国づくりを企図していたのです。太子がいかに仏教を尊重し、それに基づく国作りに期待をよせていたかがわかります。

第二節　摂善法戒――善い行為を修める――

三聚浄戒の二つ目は摂善法戒《しょうぜんぼうかい》です。これは世間的な善行も、それから出世間的な善行も、ありとあらゆる善行を積極的に行うことです。『菩薩瓔珞本業経』には八万四千の法門を行うことと説いていますが、八万四千とはそれほど多くて数えきれないという意味です。「八百万《やおよろず》の神」や「千代《ちよ》に八千代《やちよ》に」と同じことです。

世間の善行と出世間の善行

世間の善行というのは、日常生活における善です。これは仏教徒だけでなく、キリスト教徒であろうと、イスラム教徒であろうと、あるいは無宗教者であろうと、世間の人たちが普遍的に行っている善です。たとえば落ちているゴミを拾って捨てること、お年寄りに席を譲ること、エネルギー資源をむだ使いしないこと、犯した過失を悔い改めることなど、何でもかまいません。もちろん社会貢献でもボランティアでも、そして最近のSDGs（Sustainable Development Goals：持続可能な開発目標）への理解と協力もここに含まれます。

一方、出世間の善行とは言うまでもなく仏道修行です。たとえば念仏すること、座禅をすることは言うまでもなく、お盆やお彼岸にお寺に詣で和尚の法話を聞き墓参りをすること、ご先祖様の年忌法要を営むこと、道端にお祀りされているお地蔵さまにお花やお水をお供えすることもここに含まれます。

ところで、すでに述べたように、大乗仏教の修行者を菩薩と呼びます。本書を手に取っている皆さんも、きっと仏教に心を寄せているのですから菩薩です。この菩薩とは悟りを目指して修行する者の呼称であり、その基本となる修行は六波羅蜜《ろっぱらみつ》ですから、この第二節ではこれについて解説いたします。

波羅蜜（pāramitā）とは「彼岸に渡る」と言う意味で、彼岸とは悟りの世界（精神的に安楽な境地）なので、六波羅蜜は悟りの世界に到達するための六つの修行ということになります。以下にそれぞれの内容と、それを行う理由を示しておきます。総じて言えば自分貢献です。

布施…自分が所有しているものを与える
　ものに対する過剰な執着や貪欲を削ぎ落すために行う
持戒…規則正しい習慣をつける
　生活と修行の基盤を正しく整えるために行う
忍辱…辱《はずかし》めに耐えしのぶ
　衝動的で感情的な怒りや怨恨を抑えるために行う
精進…なにごとにも努力する
　生活と修行における目標を達成するために行う
禅定…精神を落ちつかせる
　生活と修行に必要な安らかな心を維持するために行う
智慧…真理を学び実践する
　煩悩を排除して人格をいっそう高めるために行う

修行の意味よりもその理由が重要

それぞれの修行の意味や内容も大切ですが、重要なことは、右に簡単に示したようにそれを実践する理由です。たとえば六波羅蜜の最初に置かれている布施を例として考えてみましょう。

布施とは自分が所持しているものや知識を人に提供することであり、またその見返りを期待しないという意味です。自分のものを人に与えるなんて、相手だけが得をして自分は何も得をしないばかりか、こちらとしてはむしろ損をすることになる。その上、見返りを期待してはならないとなると、何か不公平に思えてならない。おそらくこのように思う人もいることでしょう。

多くの人は寺院や僧侶に金銭を差し出す行為と思いがちですが、差し出す相手が誰であろうと、どこの団体であろうと、その行為はあくまでも自分の修行としてなされます。「得をしない」とか「損をする」などと不満に思っているうちは修行になりません。不平不満な気持ちをいだきながら差し出せば、それは嫌々やっていることになり、煩悩が増すだけで、人格を高める修行にはなりません。

布施とは、「ものに対する過剰な執着や貪欲を削ぎ落すために行う」個人的な修行、自分貢献の修行なのです。したがって、たとえば布施を受けるお寺の経済状況の良し悪しに関わりなく行います。これはあくまでも自分自身の中にある貪欲という煩悩との闘いだということです。

このように、「なぜその修行を行うのか?」という理由を明確に把握することで、修行の効果も格段にあがります。

では六波羅蜜を順番に解説いたしましょう。

1 布施

すでに述べたように、これは執着（こだわり）や貪欲（むさぼり）という煩悩と、それをかかえこむことにともなう苦しみや悩みを取り除くことを目的として、自分が所有するものを惜しむことなく提供するという修行です。そして提供したことによる見返りを期待することなく、提供したことすら忘れてしまうことです。

ところが、悲しいことに執着や貪欲というものは私たちが持っている煩悩の中でも最も排除しがたい強力な感情で、かなり厄介なものです。どうしてこれが厄介なのかを以下に説明します。十重禁戒の②不偸盗戒も合わせてご覧ください。

私のものという幻想

皆さんは自分のものは何であれ、「これは私の体、私の心、私の家族、私の家、私の財産、私の……、私の……」と思っていますし、人に対してもそのように言いますね。きっと毎日そのように思ったり言ったりしながら生活しているので、そのことに違和感すらもないでしょう。少なくとも自分の財布からお金を出して購入した品物は、決して他人のものではないと確信しているはずです。だから「私の……」となるわけです。

私たちは日常的に自分の目の前にある所有物を、「これは私の〇〇だ」と認識しています。私の大切な所有物ですから、それらを傷つけたり失ったりしたくはありません。せっかく苦労して手に入れたものならばなおさらでしょう。それはごく普通の感情のようにも思えます。

しかし、実はそれは妄想でしかありません。つまり何もかもが私のものではないと言うのが真実なのです。高い金銭を払って購入したマイホームも装飾品も、手塩にかけて育てたわが子も、恋人や恋人の心も、みな私のものなどではありません。それどころか一番大切な「私の命」ですらも私のものではありません。

そのように言いますと、「いや、そんなことはない。自分のものはあくまでも自分のものだ。それとも私の命が他人のものだと言うのか？」と反論したくなるでしょう。でも、そのように反論する人は真実が見えていないだけです。

私のものが私を苦しめている

次のように考えてみて下さい。もしそれらが本当に私のものであれば、完全にコントロールできるのではないでしょうか。大切な自分のものであればこそ、思いのままに維持管理できるはずではないでしょうか。

でも実際にはそうなっていません。大切なこの自分の体は意に反して、ケガをしたり病気になったり老化したりします。昔はあんなに元気で病気知らずだったのに、ここ数年で足腰が弱り、目がかすみ、息切れします。どうしてでしょう？

また同じく大切な自分の心であっても日々悩んだり不安になったり落ち込んだりして、理想とするような安らいだ精神状態、穏やかな気持ちを維持することはできません。自分の心なのに、どうして思い通りにならないのでしょう？

自分が生んで育てた子供なのに、ちっとも言うことを聞かず、反抗してはいつも心配をかけていますし、自分で稼いだお金はどんどん出ていってしまい、なかなか貯まりません。せっかく購入したマイホームは天災で傾いたり雨漏れしたり、隣の家の出火が風にあおられて延焼し、わが家まで全焼することだってあります。高価な自動車やアクセサリーは色あせたり壊れたり盗まれたりします。永遠に私を愛してくれると信じていた恋人に裏切られました。それはいったいどうしてでしょう？

私は来月も来年も、一〇年後、二〇年後もきっと生きているに違いない。多くの人はなんとなくそのように思って生活しています。私の命はそんなに簡単には終わるはずはないと。しかし、翌日に事故や事件に巻き込まれ、あっけなく命を落としてしまうことは珍しくもありません。毎日のようにテレビのニュースで見聞きしている通りです。「私の命」のはずなのに、私の思いに反して失ってしまうということは、私自身が「私の命」を維持管理できていないと言うことになります。さて、それはいったいどうしてでしょうか？

「私のもの」であるはずなのに、どういうわけか私の思い通りにはならず、色あせたり壊れたり、また紛失したり盗まれたりしています。このように「私のもの」が、その所有者である私自身を苦しめ困らせています。皆さんも一つくらいは思い当たることがあるでしょう。

私のものではないから手放せる

「私のもの」は私の思い通りに維持管理できるはずなのに、そのようにならないのは、要するにそれらが「私のものではない」からです。それなのに、私のものだと錯覚し妄想しているから、思い通りに維持管理できない事態となると、勝手に苦しみ勝手に悩んでしまうのです。

『ダンマパダ』の一句を紹介しておきましょう。お釈迦さまは、私のものというのは錯覚であって、実は何一つとして私のものではないと説いておられます。

　私には子がある、財産があると思って愚かな者は悩む。しかし、すでに自己が自己のものではない。ましてどうして子が自分のものであろうか。どうして財産が自分のものであろうか。（六二）

「私のものは私のものではない」という事実に気がつけば、あたかも傍観者のように客観的に対処することができるようになります。私のものをそのようにみなすことができれば、そのものに対する執着・貪欲といった強力な煩悩は相対的に薄められるからです。この執着・貪欲という煩悩を排除する修行が布施です。「私のもの」という誤った認識を削ぎ落とすことに布施行のねらいがあります。

では、どれだけ布施をすれば良いのでしょう。仏典には自分の両親・夫・妻・子はおろか、命ですらも布施する菩薩の物語が描かれていますが、それはあくまでも執着・貪欲を離れた究極の精神状態を示す誇張表現です。それがないと私自身が生存を維持できなければ、それを布施することはできません。

そうしますと、それがなくなったとしても、日々の暮らしに支障がなければ、すべて布施の対象になるでしょう。大切なのは自分が所有しているものに対する過剰な執着と貪欲の思い（所有意識）を手放す、という思いで布施することです。

すべては無常と無我の中にあって姿かたちを変えながら存続している現象にすぎないのですから、それらを固定的で不変なものだとみなすことは間違っているのです。目の前を滔々と流れてゆく川の水をすべてすくい取ることはできません。瞬間瞬間に流水を手放し続けるしかないのです。対象への執着と貪欲もそれと全く同じことです。私たちは時々刻々と変化し流れている対象を、時々刻々と手放すしかないのです。

寄付と布施の違いは何？

布施と似た言葉に「寄付」があるので、両者について考えてみましょう。世間一般で寄付と言えば、自分の金銭や財産を主に公益的で具体的な使用目的を開示した団体・組織・個人への支援として差し出す行為を意味します。寄付行為はあくまでもそれを受け取る相手への支援が目的ですから、相手が開示している事業に賛同できれば、それが円滑に推進できるように手助けするために提供することになります。仏教ではこれを「利他」と呼びます。

ところが、布施はこれと異なります。同じく自分の金銭や財産を差し出すことですが、受け取る相手の事業が円滑に推進できるようにという思いなどなくても問題ありません。もちろんそうした思いを持つことを否定はしませんが、何らかの具体的な事業に対する支援を目的として布施があるのではありません。

布施は「喜捨」とも言うように、自分の手元にあるものを喜んで捨てるということです。受け取った相手を助け喜ばせることが目的ではありません。また、いかなる事業に使われるのかなどはどうでもよいことなのです。役に立つかどうかも考えません。あくまでも自分の修行なので、寄付が「利他」であるのに対して、布施は「利他行」と呼びます。

また寄付と布施の異なる点は、布施は決して感謝を求めないことです。自分のために自分が修行しているのですから、相手から「ありがとう」と感謝の言葉をかけられることを望みません。もし、「せっかく布施してあげたのに、相手から〈ありがとう〉と感謝されなかった」などと不満に思ったら、その時点で布施の修行は失敗に終わったことになります。「ありがとう」と感謝されるのは布施ではなく、寄付に対して発せられる言葉でしょう。

布施は自分のためにする

もう一度申します。布施という行為は執着という煩悩を削ぎ落とし、仏教的な人格を向上させる自分貢献の修行ですから、それを受け取った人に喜んでもらうために行うのではありません。

大切なことは、「これは自分のもの」という誤った考えを捨てることです。それらはたまたま一時的に自分の手元にあるにすぎず、すぐに移動したり変化したりする無常で無我なもの。だから誰の所有物でもないと正しく認識することです。

布施をすることによって見返りを求めることもご法度です。見返りを期待することは、執着・貪欲になるので、せっかくの布施の功徳はすべて台無しになります。葬儀や法事などでは、法要を行ったお寺の和尚さんに金銭を布施として差し出します。そんなとき、「せっかく布施してあげたのに、あの坊さんは

〈ありがとう〉の一言もなかった。けしからん坊主だ」と腹立たしく思ったことはありますか？

もし、そのように思ったならば、あなたの布施は失敗です。たとえばお念仏を称えた人や座禅をした人に、「修行してくれてありがとう」と感謝することがないように、布施を行った人に、和尚さんが「ありがとう」などと言うはずがありません。和尚さんは「ご奇特なことです」と、その人の修行を賞賛するだけです。もし和尚さんが布施に対して感謝の言葉を発したら、修行の機会を奪うことになるからです。

布施において大切なのは、所有しているものを手放すことで高邁な人格を獲得できるという思いです。その意味で布施とは、「手放してこそ大きな徳が得られる」ということになります。

2 持戒

これは本書がテーマにしている戒を実践する（戒を持《たも》つ）ことそのものです。良い行為を繰り返し行うことで習慣化し、それによって暮らしの中に余計な選択肢がなくなり、より快適で合理的に生きていくことができます。

3 忍辱

これは、怒りや憎しみなどの攻撃的な感情、そして不安や恐れなどの耐え難い感情をとり除くために、いかなる辱《はずかし》めや迫害を受けようとも、どれほど辛いことがあろうとも、理性をもって冷静さを堅持するという修行です。第二章第一節で述べた十重禁戒の「9　不瞋心不受悔戒」もあわせてご参照ください。

忍辱はバカを見る？

誰もが不当に何かをされたり言われたりしたような辛い経験があると思います。自分には悪気がないことだったり、むしろ相手のほうにこそ非があると思ったり、そんな時に相手から無慈悲な辱めを受けたら、思わず感情的にカッとなって反論したくなるものです。それは自己防衛として自然な対応であろうと思います。生物として生き残ろうとする本能でもあります。

その証拠に、世俗の価値観では不当な辱めを受けて黙っていることは、むしろ恥ずべきことであると教えています。相手に攻撃されっぱなし、批判されっぱなしで、反撃も反論もしないのは、それを認めたことになりますし、またそれによって自分の悪評が広まったり信用を失ったり、生きづらくなって、自分だけがバカを見るようで、まったく割に合わないからです。だから、不当な仕打ちにあったときは、毅然とした態度で臨まなければならならず、それが自分自身を守ることになると教えられてきたと思います。

感情的な怒りで反応しない

たしかに自分を守るためには、キッパリと相手に反論しなければならないこともあるでしょう。ただ、ここで注意すべきことは、感情的になってきている相手に対して、こちらも感情的に対応することに問題があるということです。

人に非難されたり小言を言われたりして嬉しい人などいません。だから即座に反論したくなります。そうすることが否定された自分を守ることになると信じているからです。しかし、突発的な感情によって即座に反応することで事態がますます悪化するのは、皆さんの経験上、明らかなのではないでしょうか。相手の感情に対してこちらも感情でぶつかれば、それは火に油を注ぐようなもので、事態は収拾しません。

仏教はどのような場合であっても、決して怒りをあらわに反論・反撃するのではなく、その不当な辱めに対して冷静な態度で臨むべきことを教えます。相手の言い分は単なる言いがかりで、自分には無関係なことであると認識するといったほうが適切です。あるいは、相手の感情的なふるまいを、理性と大いなる慈しみをもって許すという態度をとることでしょう。

感情よりも理性が大切

そもそも不当に辱めを仕かけてくる人というのは、故意に貶めてやろうとか、人前で笑いものにしてやろうという悪意からやっているのですから、その時点で理性を失った感情的な行為だと言えます。そのようにもともと敵対心や嫌悪感などをもって向ってくる相手に同じく感情的に反論し反撃することは、その人と同じ土俵に上がってしまうことになります。

相手はこちらの気持ちを動揺させよう、怒らせよう、苦しめよう、不安にさせようと思ってやっていることなので、それに付き合ってしまえば相手の思うツボです。きっと「しめしめ、うまくひっかかったぞ」と相手を喜ばすだけでしょう。

もし、こちらもその土俵に乗ってしまえば、たいていは理性的な議論にはならず、相手の感情と自分の感情のぶつかり合いになることは目に見えています。相手を激しく怒って罵倒し、揚げ足を取ったところで、場合によっては相手への憎悪が増すことになり、終わることのない醜いドロ仕合になるに違いありません。

どんなに努力しても、相手の感情をコントロールしたり変えたりすることはできません。だからこそ、せめて自分だけは本能や感情を抑え、事実を客観視しながら理性をもって対処する必要があります。第二章第一節の「9　不瞋心不受悔戒」の項もご参照ください。

怒りは時間を無駄にする行為

過去を振り返って思いだしてください。皆さんにも一度や二度、こうした経験があると思います。感情をぶつけた後も、怒りがおさまらず、疲れるか後悔するだけで、後味の悪いまま終わっていたのではないでしょうか。その夜は悔しいやら悲しいやら情けないやらで、なかなか寝つけません。翌朝も目覚めは悪くて、終日モヤモヤしっぱなしで、仕事に手がつきませんし、食事も美味しく感じられません。いかがでしょうか？

これでは精神的にも疲弊してクタクタになってしまい、時間と労力を無駄にしているだけだと思いませんか？　だからこそ、お釈迦さまは「そのようなバカらしいことに付き合っているほど、人生は長くありません」と仰せになっているのです。そして「もっと理性的になって今考えるべき事、今やるべき事があるはずで、それに時間と労力を注ぎなさい」と説き続けていたのです。

これで「忍辱はバカを見る」という世間の価値観は大間違いで、実は忍辱することによって結果的に大切な自分の心や自分の時間を守り、今に集中して穏やかに生きることができ、仏教的な人格を育むことができるという出世間の道理が理解できたと思います。

4 精進

これは何をするにも怠らずに努力し続けるという修行です。「何をするにも」と言うのは、もちろん善行や自分の人格を高める行為に対してであって、悪い事をするのに精進してはいけません。よい事に精進するのですが、もともとは仏教用語ですから、仏教の修行に打ち込むという意味になります。

ですから精進そのものが善悪を示しているのではなくて、これは善に向き合う態度のことであり、この六波羅蜜では、布施に精進し、持戒に精進し、忍辱に精進し、禅定に精進し、智慧に精進しましょう、という意味になります。本当は六波羅蜜の最後に説明するほうが理解しやすいかもしれません。

精進料理とは

ところで、精進料理という言葉があります。ご存知のように肉や魚介を使用しない料理のことです。野菜でもニンニク・ニラ・ネギのような臭気のする食材も避けなければなりません。どうしてそれを精進料理と呼ぶのかと言いますと、精進とは修行に打ち込むお坊さんの代名詞であり、お坊さんは戒律によって生臭ものを口にすることはご法度です。ですから精進しているお坊さんが食べる生臭でない料理、これを精進料理と呼ぶようになったようです。

今の日本のお坊さんの多くは（私を含めて）、精進料理に徹していませんが、東南アジア諸国や中国のお坊さんは基本的には生臭ものを食べません。基本的にはと言うのは、ある条件（三種浄肉）のもとでは食べることが許されるからですが、今は煩瑣になるので申しません。なお、精進料理を中国語では素食・素菜、英語では vegetarian food と言います。近年はよりストイックに卵や乳製品すらも口にしない完全菜食主義者のヴィーガン（vegan）も増えてきています。

精進とは習慣化すること

さて、この精進で大切なことは、一時的な精進ではなくて、それを継続的に行っていくことです。そもそも戒の意味は「行為・習慣・性質」でした。よい行為をして、それを繰り返して習慣化し、自分の性質として定着させることですから、「行為→習慣→性質」として理解できます。ですから、一度や二度の精進ではなくて、続けることが大切です。そのように考えますと、戒における精進とは継続による習慣化ということになります。

そのことについて、前出の『遺教経』と言う経典では精進とは継続に他ならないとして、「あたかも水滴が長い年月をかけて硬い石を穿つように、小さな努力を根気よく継続すれば、やがて事は成就する。また、錐揉《きりも》みを途中で中止すると火は得られない。継続しなければ、それまでの努力はすべてムダになりかねない」と説いています。

続けることは口で言うほど易しいものではありません。途中で諦めたり、面倒になったり、何かのきっかけでやめてしまったり、ついつい気持ちが緩慢になることはありがちです。なかなか効果が目に見えて現れてこないと、本当にこんなことに意味があるのだろうかと疑ったりして、モチベーション（動機づけ）を保てなくなってしまい、そこで中断してしまうことがあります。ダイエットの失敗などは身近な例かもしれません。では、どうしたらよいでしょうか？

日々コツコツと

それでも構わないのです。続けるためのモチベーションがなくなり、中断してしまったときは、「あっ、精進できていないな」と気づくことが大切です。何をするにも、すぐに効果が現れることなどありませんから、気長にやっていくしかないのです。

もちろん、中にはただちに効果が出ることもあるかもしれませんが、急激なダイエットはリバウンドも早くて大きいのと同じで、即効性のあるものは即失性も高いということでしょう。

怠っていると気づいたなら、再び精進（継続）してみてください。気持ちが緩んでも何度でも何度でも、しつこくやり直せばよいのです。挫折と再開を繰り返しながらも毎日コツコツと積み重ねていくうちに、いつか必ず習慣化されてゆくものです。

さて、精進するには体力や精神力が必要です。要は体と心を健全にしておかないと精進という継続・習慣化は実現されません。体力についてはしっかり食事を摂り、快適な睡眠を確保します。精神力についてですが、これはいかなる困難があろうともやり切れる意思の力です。あるいは気力とも言います。これらの力には必ずそれに徹底して打ち込み続けるだけの集中力が必要になってきます。何を行うにせよ、集中力がなければうまくいきません。この集中力は仏教用語の禅定に相当しますので、次にこれをお話しします。

5 禅定

古代インドの言語サンスクリットのdhyāna（精神集中）を、同じ発音の漢字に置き換えると禅那（推定中古音 ʑjɛn-nɑ）と翻訳されます。中国人は禅那の那を略して禅だけを残しますが、このままでは理解できないので、定（安定する）の字を加えて二音節にしてできた仏教用語がこの「禅定」です。

禅も定も同じ意味で、心を落ち着かさせて瞑想すること、何か一つの対象に集中することです。これは外部からいかなる刺激が加えられようとも、自分の心を動揺させることなく、いつも平静で安定した状態を保とうとする修行です。精神の安定なくして適切な修行や正しい生活はできないからです。

達磨大師の面壁九年

中国や日本で禅と言うときは、臨済宗や曹洞宗、それに黄檗宗などの禅宗を思い浮かべます。禅宗のお坊さんが禅堂で静かに座し、その背後に警策（修行者の肩ないし背中を打つための棒）を持った別のお坊さん（これを直日《じきじつ》または直堂《じきどう》と呼びます）が、禅僧の組んだ手の印相が乱れていないか、座る姿勢が前かがみになっていないかを点検して回っています。印相や姿勢が崩れ気持ちが集中できていない人の背後に立って、その警策で右肩や背中を叩いて注意を促しています。禅堂に大きな音が響きますから、最近ではこれを体罰ではないかと疑っている人もいるそうです。

さて、座禅と言うと、達磨大師が修行する姿をイメージします。インドから中国にやって来て、現在の河南省にある嵩山《すうざん》の少林寺に入った菩提達磨《ぼだいだるま》（Bodhidharma）は中国における禅宗の開祖です。面壁九年の修行をしてついに悟りを開いたという故事でも知られています。

「面壁九年」とは、何事もわき目をふらず長い間たゆまず精進することで成就されるという、いわば精神集中とその継続の重要性を示唆する四字熟語でしょう。それは達磨大師の「壁観」がもとになっているようです。壁観とは風が吹いても揺れることのない強固な壁のように、心を散乱させることなく集中して観想（瞑想）することを意味します。

頭を空っぽにする？

しばしば「頭を空っぽにする」とか「心を無にする」と聞くことがありますが、禅定だけでなく、いかなる状況であろうと、人間は頭の中を空っぽにしたり心を無にしたりすることなどできません。有《う》から無《む》は生まれないからです。

私たちには眼、耳、鼻、舌、身、意の六つの感覚器官があります。これらがある以上は、必ず外界から受ける情報に反応するものです。たとえ目を閉じ、耳をふさぎ、鼻に詰め物をし、口を閉じていても、身（皮膚感覚）は残ります。麻酔すればなくなりますが、生きていれば脳は活動しているので、心意まで無にしたり空っぽにしたりすることは不可能です。

法然上人は、高野山の明遍上人というお坊さんから、お念仏している時に集中できないことを問われて、「心を静めて迷いの心を起こさずに念仏しようと思うことは、目や鼻を取り去って念仏しようと思うことに等しい」と応じています。ですから心を無にすることは不可能で、人間はいつも喜怒哀楽の感情を働かせながら生きる存在です。

感情は浮き沈みするのであてにならないことはすでに述べた通りです。ですから感情よりも理性を大切にするのが仏教です。ただし、目や耳や鼻があるのですから、外部からの刺激にはどうしても反応してしまいますし、人に批判されれば悲しくふさぎ込んだり、激しく怒りをあらわにしたりするでしょう。また褒められれば調子にのって大喜びするものです。

お釈迦さまはそうした外部からの刺激に簡単に左右されてしまう喜怒哀楽をなくすことを求めているのではなく、これをしっかりとコントロールすべきことを勧めています。批判にも賞賛にも過剰に反応しないことが大切だというのです。『ダンマパダ』には以下のように説かれています。

ひとつの岩の塊が風に揺るがないように、賢者は非難と賞賛とに動じない。（八一）

喜怒哀楽の感情をコントロールして、なるべく平穏な心を維持しながら、静かに穏やかに生活することがこの禅定の精神なのです。

禅定の方法

禅の方法は道元禅師の『正法眼蔵』（坐禅儀）に説いてありますし、それを解説している専門書や指導方法がありますが、本書ではそのような本格的な禅とまではいかなくとも、せわしなく動いている心のはたらきを、少し休めて心を落ち着かせましょう、という程度のこととご理解ください。

心が落ち着ける静かな場所で、服装は締め付けないものを、姿勢と手足は痛みがないようにし、呼吸はゆっくりと鼻で吸いゆっくりと口から吐き出します。

瞑想する時間は人それぞれです。疲れたならそこまでです。瞑想中に何を考えるのか、何に集中するのかですが、これにはさまざまな瞑想があり、それらはかなり専門的な修行になります。私たちにとっての瞑想は、そこまでの高みをめざす必要はありません。

次のように瞑想してみます。たとえば自分の心は何に対してどうして貪っているのだろう、誰に対してなぜ怒っているのだろう、あれこれと不満を抱え、不安を感じ、一時すらも心が穏やかにならないのはなぜだろう。原因は自分の内にあるのか、それとも外にあるのか、外に原因があったとしても、それを受けいれてしまい、しかも敏感に反応したのは自分の内なる感情ではないのか。ということは、問題の原因は社会や他人など外側にあるわけではない。それらは単なる縁でしかなくて、根本の因は自分の心ではないだろうかと。

このように、自分の心の動きを第三者的な視点から観察します。「腰が痛い、膝も痛くなってきた。どうしてだろう。なにが原因だろう」など客観的に言語化するのもよいでしょう。これを毎日繰り返して習慣化させることが摂善法戒としての禅定になります。

ただひたすら「今」の瞬間の自分の心の動きに集中するというのは、過去の辛い記憶や未来への不安な思いに意識を注がないということになります。それは苦悩と不安を排除できる充実した時間であり、これを継続することが仏教的な生き方なのですから、瞑想はその訓練になるのです。

たとえば読書や映画では、時間の経つことも忘れて夢中になって読んだり観たりした経験はあると思います。その時は過去や未来のことをあれこれ考えず、ただひたすら「今」の瞬間に集中して意識を対象に注いでいるはずです。

また子供が遊ぶ時は、それこそ無我夢中で遊びに徹しきっています。お腹がすいても、トイレに行きたくても、それらは後回しで遊びに集中しきっています。これこそ理想的な「取り組み」の姿勢でしょう。我われは遊びに夢中になって「今」という瞬間に集中している子供たちの「取り組み」の姿勢から生き方の本質を学ぶことができます。

禅定による効果

社会の中で生活している以上、家族や知人など、必ず誰かとともに生きています。そうした中で当然ながら意見が対立したり、仕事や子育てで忙しくしていたり、将来に不安や恐れを抱いたりと、心は穏やかでないのが普通です。本当は平穏無事な毎日を送りたいのに、なかなか思い通りにならない事ばかりです。

そのような時こそ、「プチ修行体験」は良いものです。多忙で心に浮き沈みのある毎日をすごしている私たちには、脳の働きを調え、心に栄養を与える非日常的な時間を持つことは必要です。気持ちを落ち着かせ集中して取り組むことで判断力、決断力、洞察力、観察力がアップすることは、禅僧の証言がありますし、脳科学の実験からも証明されています。

人が瞑想している時の脳波を測定すると、α波（アルファ波）が現われるそうです。α波が出ると緊張がほぐれてリラックスした状態になり、自律神経も整ってくるのだそうです。その反対に不安や怒りなど落ち着かない時にはβ波（ベータ波）が出るようです。

しかし、たとえばお風呂に入ってゆったりしている時も、またクラシック音楽を聞いていてもα波が出ているのです。そうすると瞑想は何も座った状態でしなくてもよいと言うことになります。中国や日本ではもっぱら座って瞑想するので、禅と言うと「座禅」しかイメージできませんが、インドにおける瞑想は行（歩きながら）、住（立ち止まりながら）、坐（座りながら）、臥（横になりながら）のいかなる姿勢でも行われます。大木の枝と自分の足首をロープでつなぎ、逆さまにぶらぶらしながら瞑想する人もいます（パフォーマンスかもしれませんが）。

落ち着ける時間と場所を選び、楽な姿勢で軽く目を閉じ、鼻から深く吸い、口からゆっくり息を出しながら、自分の心の中の動きとその原因を観察（客観視）し言語化してみます。それまで自分の中にあった自我、すなわち貪りや怒り、苦しみや悩み、不安と恐れなどが、しだいに消えてゆき、心は穏やかになって、晴れ晴れとした気持ちになれます。

6 智慧

仏教では「智慧」と表記して、世間で使う「知恵」と区別しています。つまり、賢い、物知り、勉強ができるという意味ではありません。この世界におけるあらゆる現象やその背後にある無常、無我、縁起、中道などの道理を認識する智力という意味です。簡単に言えば真理を受け入れて、道理にしたがって身口意の三業で考え語り行う修行や生活を意味します。知識が input なら、智慧は output です。

『般若心経』の「般若」

宗派に関係なくよく知られ、よく読唱されているお経と言えば、『般若心経』です。わずか二六二文字の短い経文の中に大乗仏教の「空」の教えが凝縮されています。「般若」とは鬼の形相のお面を指すのではなく、prajñā の音訳語で、智慧という意味で、「心経」とは神髄のお経という意味ですから、智慧の神髄ということになります。

「色即是《しきそくぜ》空《くう》、空即是《くうそくぜ》色《しき》」はきっと耳にしたことがあるでしょう。色《しき》とは青、赤、白、黒といった色彩（カラー）という意味ではなくて、この世界に存在するあらゆる物質を意味します。机、椅子、床、花瓶など、もちろん私自身も含めてすべての物質的な存在はみな色《しき》です。

空《くう》とは空っぽで何も存在しないという意味ではなく、実体がないということです。実体とは永遠不滅で決して変化することのない自性・本性という意味ですから、「色即是空、空即是色」とは、「この世のすべての物質的な存在には不変不滅の本性は備わっていない、不変不滅の本性が備わっていないものこそがこの世のすべての物質的存在のありようだ」と言う意味です。

無常と無我を知る

空とは自性（他に依存することなく、それ自身で独立して存在している本体）がないこと、自性がないということは縁起ということになります。縁起とは「およそこの世にあるすべてのものは、さまざまな原因（直接的で自他ともに感知できる原因）と条件（間接的で自他ともに感知できない原因）が仮に合わさって生滅変化しながら存続している状態」のことです。

要するに実体のないものがこの世界の現象であるということになります。すべてのものにも概念にも実体がないということは、自性がないということ、すなわち単独では存在できないということであり、必ずさまざまな要素が集まって、はじめてなんらかの集合体として成立したり存在したりすることができるという真理です。これを「諸法無我」と言います。

さまざまな要素の集合体であるからには、要素の増減や変化の影響を受けて、その姿かたちも、また意味や内容も変化し変質します。この世のあらゆるものは常に移り変わっていて、一瞬として同じ姿をとどめることはできないのです。それを「諸行無常」とも「刹那生滅」とも言います。

たとえば人間は年をとって老化します。今日生まれた赤ちゃんは日々成長しているようでも、実際には老化しているのです。親は我が子が成長したと喜びますが、その成長とは日々死に向かって確実に老化してゆく時の流れに他なりません。大切にしている宝石にしても、今日も昨日とまったく変わらずに輝いているように見えますが、確実に崩壊に向かって姿を変え、輝きを失いつつあります。原因と条件の和合と離散の繰り返しによってそのような変化が起こります。ただ人間にはそのゆるやかな変化のスピードを感知できないだけのことです。

それは昨日から今日というような一日の変化ではなく、実は瞬間（刹那）の変化を繰り返している（生滅）のです。つまり、一瞬前にAが生まれ、今そのAが滅し、次の瞬間に新しいAが生まれるけれども、その次の瞬間にその新しいAはまた滅します。こうして止むことのない生滅変化を続けています。

これはこの世界の真理ですから、どれほど努力してそれを阻止しようとしても無駄です。無常と無我のルールから逃れることは不可能です。

無常と無我を受け入れたくない

我々は変化を好みません。老化を嫌いますし、大切な宝物の経年劣化を認めたくありません。いつまでも若々しく健康を維持していたいと勝手に妄想しています。ところがそれとは裏腹に老化し経年劣化するのです。この理想と現実の差異に愕然とし、苦しみ不安になって心は穏やかでいられません。

さらに自分の中に「自我」のようなものを認めないと、自分が自分でいられなくなる不安を抱えてしまいます。私個人のことを思い出しますと、私が私という存在を意識したのは、幼稚園のころでしょうか。その時から一貫して私は私のままで存在し続けているので、私の中には私という主体的なものがある、換言すれば、私が生存し、意識が明瞭であるかぎり、「私」はここにあると認識していたい思いがあります。もし「あなたはいません」と言われたら、それは自分の存在を否定されるに等しいのですから、腹立たしくなったりします。

この世にあるものは無常、無我です。そして概念についても無我です。だからこの世界のすべては関係性の中で発生してはまた消滅し、それを繰り返しているにすぎません。我われが持っている六根(眼耳鼻舌身意)という感覚器官も、またこの六根で受ける対象としての六境(色声香味触法)も、すべてがそのように無常、無我として存在しています。「存在している」と言うよりは、むしろ「存続している」と言ったほうが適切でしょう。

おそらく私たちが最も無常を実感できるのは、親しい人の死ではないでしょうか。とりわけ自分の子を失った時は、胸が張り裂ける思いにかられることでしょう。私にも子供がいますので、もし私よりも先に死んでしまったら、すべては無常と知っていながらも、悲しくて悔しくて、神や仏を怨みたくなることでしょう。親しい人の死を契機として宗教に近づく傾向があるのは、宗教に何らかの心の救いや生きる支えを求めての事なのです。

この世は理不尽か?

常識や道理にはずれていることや、理想通りに事が運ばない状況に直面すると、人は「それはおかしい、なにか変だ、理不尽だ、間違っている、社会に問題がある」と腹を立てたり嘆いたりします。要するに自分にとって都合の悪いことが起こると、その怒りの矛先を外側に向けることはあっても、自分自身に問題があるとはこれっぽっちも思っていないのです。

たしかに、努力したことが少しも報われなかったり、その反対に努力していない人がなぜか良い結果を手にしたりすることがあります。善人が不幸な死にかたをして、悪人が幸福な生涯をまっとうすることだってありますし、未来のある子供や若者が突然の天災や不慮の事件・事故に巻き込まれて非業の死を遂げるというようなことはしばしば聞くことです。それを『ダンマパダ』では、以下のように説いています。

・まだ悪の報いが熟さない間は、悪人でも幸運に遇うことがある。しかし悪の報いが熟したときには、悪人はわざわいに遇う。（一一九）

・まだ善の報いが熟さない間は、善人でもわざわいに遇うことがある。しかし善の報いが熟したときには、善人は幸福に遇う。（一二〇）

テレビや新聞などでそれらを見聞きするたびに、「やっぱり神や仏はいないのか」と落胆してしまうのです。その背景には、努力する人は報われるのが当然で、怠けている人は報われてはならず、善人は幸せな人生を送って天寿を全うし、悪人はしかるべき制裁を受けて不幸になるべきで、未来がある子供や若者が不慮の事件や事故などで突然命を落とすことがあってはならないと思っているからです。

この世界で生きてゆくためには、そのように考えた方が納得がいくし、慰めにもなるのでしょう。実際にはいつもそのようにうまく事が運ぶわけではないとわかっているのに、そうした因果律でないと気持ちが収まらないのです。

要するに、人は自分の都合だけでものごとの妥当性を決めつけているにすぎないのです。自分にとってそれが妥当な事実ではないと思った時、「それは理不尽だ」と憤慨し嘆くのです。では、この世において理不尽なことは本当に起こっているのでしょうか？

因果に理不尽はない

仏教では「それは理不尽だ」と思うことこそ理不尽だとみなします。この世界で起こるすべてのことは少しも理不尽なことはありません。なぜなら、仏教は因果律を説きますが、それは善人だから長寿で幸福になるとか、悪人だから短命で不幸になるという現世だけの因果律や、人間が感知できるだけの因果律で判断しないからです。

仏教は過去世、現在世、未来世における行為とその結果は、それぞれ別々に完結しているのではなく、すべて連鎖していると説きます。これを「三世因果応報」と言います。過去世の原因に対する結果が過去世に出なければ、それは現在世に出るかもしれないし、あるいはさらに先の未来世に現れるかもしれません。また現在世に出た結果は過去世の原因による報いかもしれません。

残念なことに私たちは因果関係のすべてを把握することはできませんが、しかるべき原因にはそれに相応する結果が三世のどこかで現れるというのが仏教の因果律です。

また、一口に原因と言いましても、それは直接的な原因（因）もあれば、間接的な原因（縁）もあって、それら複数の原因が複雑に関わっています。直接的な原因、つまり主要な原因については自分でも感知できますが、間接的な原因というのはたとえ本人でも感知できません。まして数多くの原因が絡み合っていれば、まったく見当もつかないでしょう。

このように、この世界においては、過去世からの因と縁の複雑な関わり合いの中でしかるべき結果として現われ出ているのです。ですから、善良な人が不幸になり、極悪人が幸福になることは少しも理不尽ではありません。現在世だけの原因や、自分に感知できる原因だけで判断して「それはおかしい、なにか変だ、理不尽だ、間違っている、社会に問題がある」と思うことこそ、理不尽で自分勝手な思い込みということになります。

真理には逆らえない

この世に生まれた衆生（生きとし生けるもの）とは、そもそも誕生した瞬間に、「あなたには必ず死んで頂きます」という契約を押し付けられたようなものですから、生まれた時点で将来の被害者・被災者になったも同然です。ですから、その後の人生のいつどこで何が原因で命を落とそうと、たとえそれが不幸な死に方であろうと、それは契約なので受け入れるしかありません。

生まれた順番に死ぬのならまだ納得もできますが、子供が親よりも先に死んでしまう逆縁はどうしても納得がいきません。しかし、それもまた普通にあることで、珍しいことではありません。お釈迦さまは

『ダンマパダ』で、以下のように説いています。

・花を摘むことに夢中になっている人を、死がさらっていくように、眠っている村を洪水が押し流していくように。（四七）

・花を摘むことに夢中になっている人が、未だ望みを果たさないうちに、死神がかれを征服する。（四八）

親しい人の不慮の死は、人生の無常を遺族等が体感するとともに、これを自分自身の人生に活かす機会にもなっているはずです。お釈迦さまは、たとえ若く、健康で、善良な人でも、順番に関係なく死んでしまうもの、それが生まれた時の契約だから、誰にでも起こる普遍的な道理、すなわち真理なのです、と仰せになっています。

この世界の現象も、人が生まれ、生き、死ぬということも、ただ因縁によってその状況が生起し、因縁が尽きてその状況が終わるだけのことです。幼子が亡くなったのは残念で痛ましいことでしょうが、生まれた時の約束を果たす時が来たのです。

死にたくないという気持ちは誰にでもありますし、あなたが死んだら家族や親友は悲しむかもしれません。しかし真理はあなたの気持ちや家族の悲しみとは無関係で、ある日突然顕在化します。それでもなお世界は何もなかったかのように動き続けるのです。これが現実でしょう。死神とは真理を擬人化した表現ですが、それから逃れる術はないのです。

受け入れるしかない一択

命は無常です。私たちは生まれた瞬間に死もパッケージとして渡されています。死ぬことは生まれた時に交わした約束なのですが、悲しいことに、いつその約束の日がくるのか誰にもわかりません。ではどうしたらよいのでしょう。それは死ぬことを受け入れて今日という一日を大切にすごすことです。それ以外に私たちにできることはありません。

死とは故人が自らの命を教材とする最後にして無言の教育だと思います。人が一生に一度だけできる「命の教育」なのです。

明日ありと　思う心の仇桜　夜半に嵐の　吹かぬものかは

この歌は親鸞聖人の作と伝えられています。わずか九歳で東山・青蓮院の慈鎮和尚（慈円）のもとで得度した親鸞聖人は、人の命はあたかも夜風で散る桜のようであって、朝を迎えられるとは限らないと思いをこめました。これに感銘した和尚は即日得度式を行ったというお話です。

無常と無我、これらは真理ですから人間の努力によって変えることはできません。ところが、私たちはこの真理にいつも抵抗しようとしています。いつまでも若いままでいたい、病気になりたくない、死にたくない、愛する人を失いたくない、大切なものを自分の手元に置いておきたい、などです。

これらがいつも自分の希望通りになっている人はいますか？　一人としていません。それは真理に反することだからです。あたかも強い逆風の中で百メートルの世界新記録を出そうともがいているようなものです。

人類の歴史において、真理に逆らって勝利した人は一人もいません。なぜなら、真理というものが人間の願いや努力とはまったく無関係な事象だからです。地球の自転を食い止めようと努力することと同じで、真理に勝とうという思いも願いも努力も粉々に打ち砕かれます。人間のはかなく短い人生で、実現不可能なことに挑むのは時間を浪費するだけのムダな努力です。

それならば、なるべく早いうちに無常と無我という真理を受け入れるほうが得策でしょう。無常と無我は良し悪しや好き嫌いの問題ではありません。結局は受け入れるという一択しかないのです。受け入れないという選択肢は実際にはありえません。

繰り返しますが、無常と無我はこの世界のすべての現象における平等で普遍的な真理であって、これ自体に善も悪もありませんし、また苦や楽の原因でもありません。このどうすることもできない真理に対し、愚かにも抗い受け入れないことこそが苦しみの原因なのです。素直に受け入れることが苦しみを乗り越える智慧の第一歩になります。

無常を受け入れると智慧があらわれる

では、無常という真理を受け入れると、どのような智慧があらわれてくるでしょうか。上述のとおり無常とは苦しみの代替表現でしかありません。したがって、「この世は無常」と言う時、この世に自分も含まれていますから「人生は苦しみ」という意味になります。

ただ無常には良いこともあります。楽しみや喜びが苦しみや悩みに変化するのが無常ならば、その反対もあり得るからです。私たちの人生は基本的には苦しみに帰着するもので、自分の思い通りにはならないことばかりですが、そのままでは耐え切れません。ですから自分なりに努力することもできますし、また克服することもできます。その時に自分なりの楽しみや喜びを感じ充足感を得ることもできるでしょう。

しかし、それもまた無常なので変化し、新たな苦しみや悩みに苛まれます。その苦悩も無常なので再び新たな楽しみや喜びに転じます。そう考えると、自分の人生を悲観ばかりしていることはバカらしくなってきます。ですから適度に楽観視しているほうが前向きに生きられそうです。

無常や苦を受け入れたくない気持ちは誰にでもありますが、それを受け入れることではじめて見えてくる景色があるはずです。なぜなら、人は喜びや楽しみから学べることはほとんどなくて、むしろ、苦しみや悩みに陥り、敗北と屈辱を味わった時こそ、そこから何かを学びとり、それを克服して成長につなげられるからです。

無常という真理——すなわち現状維持は不可能ということ——に抵抗することなく、素直に受け入れると、愛するもの（者と物）へのこだわりも手放せるようになります。今愛している人や大切にしている品物があっても、それらに過剰に執着しなくなります。愛する対象も、自分と自分の思いもすべては時々刻々と変化しているのだから、思い通りにはなりません。

さらに、無常を受け入れると、今という時を大切にせざるをえなくなります。なぜなら、過去のことはもう取り返しがつかないので、いつまでもそれに捉われていては、過去という牢獄に自らを閉じ込めることになるからです。また、未来というのは、夢や目標を設定する空間でしかありません。したがってまだ来ていない未来にばかり目を向けていると、今という時を生きられなくなるからです。

私たちは、現在に集中して今やるべきことと今やれることを優先すべきです。それが充実した毎日をもたらし、過去の不愉快な出来事の意味づけを上書きできますし、将来における不安も今の努力によって未然に防いだり、軽減したり解消することになるのです。

以上が無常を受け入れることであらわれる智慧です。もちろんその智慧は実際の行動に活用しなければ意味はありません。それについては後述します。

最後に『ダンマパダ』を引用しておきます。

「一切の形成されたものは無常である」（諸行無常）と、明らかな智慧をもって観るときに、人は苦しみから遠ざかり離れる。これこそ人が清らかになる道である。（二七七）

無我を受け入れると智慧があらわれる

次に無我という真理を受け入れると、どのような智慧があらわれてくるでしょうか。無我とはすでに述べたように自性がないことです。目の前に物体があるとしましょう。それは一つの物質的存在として見えていますが、実際には一つどころか、数えきれないほど多くの要素（原因と条件）の集合体なのです。同じように、自分という存在も肉体と精神があり、肉体には頭・首・手・足や、水分・タンパク質・脂質・ミネラルなど、多くの要素による集合体として成り立っています。つまり、自分とは「存在」すると言うよりも、存続している「現象」あるいは「状態」だと言ったほうが適切です。これは物質だけに限ったことではありません。概念も妄想もみな無我です。

無我という真理―すなわち単独で存在・生存することは不可能ということ―に抵抗することなく、素直に受け入れると、「私」と思っていたけれど、ただ単に数多くの要素（原因と条件）が合わさっているだけで、実体のない現象を仮に「私」と名づけているだけだとわかります。そうした無我の現象に執拗なこだわりをもち、いつまでも「私」と名づけてそれに恋々としていることは無意味だということもわかってきます。

また、多くの要素によって形成されている仮称「私」だからこそ、要素の増減や劣化によって別の仮称「私」に変化することは当たり前のことだと認識できます。つまり病気になること、老化すること、死亡すること、これらの変化はすべて無我が関与していると納得できます。自分の感情や他人の心をコントロールできないことも無我だからだと得心します。このように無我を受け入れるにしたがって、相対的に対象への執着と苦悩は弱まっていくのです。

もう少し広いイメージをしてみましょう。自分はひとりで勝手に生まれたのではなく、両親がいたからであり、その両親にもまた両親がいた。そうした命のバトンパスがあったからこそ自分が生まれた。生まれた後も、多くのご縁の中で生きてきました。ということは今ここにある仮称の「私」は、家族、先生、友達は言うに及ばず、私の健康を保つために摂取してきた動植物も、空気も水も太陽も大地も、およそこの世界のあらゆる天地の恵みが私とネットワークでつながっていることになります。

こう考えた時、自分の命の使い方を考えさせられます。人生の中で多くのご縁に支えられて今を生きているということを認識すればこそ、自分の命は自分を支えてきた多くのご縁の集合体であり、実は自分ひとりの命ではないこと、だからこそ自分自身を大切し、また自分を支えている人や資源や環境も含めて大切にしなければならないことになります。

こうして、自分を活かすことが自分に関わるものを活かすことになるという「自利即利他」に思い当たり、また自分に関わるものを活かすことが結果的に自分自身を活かすことにもなるという「利他即自利」の教えに思い当たることになります。

この世界がネットワークでみなつながっているというのは、共生しているということです。お互い様だからこそ、思いやり慈しみ合いながら生きてゆこう、協調の思いを養おうという智慧が出てくるのです。そして、その智慧は実際の行動に活用しなければ意味はありません。

ここでも最後に『ダンマパダ』を引用しておきます。

「一切の事物は我ならざるものである」（諸法無我）と、明らかな智慧をもって観るときに、人は苦しみから遠ざかり離れる。これこそ人が清らかになる道である。（二七九）

聞思修の三慧

智慧は「聞思修《もんししゅう》の三慧」に分けて理解します。「聞慧」「思慧」「修慧」です。これまで説明してきたことを聞いて智慧を得ることが「聞慧」です。私たちは生まれてからずっと世俗の価値観と常識にどっぷり浸かっているので、なかなかその呪縛から逃れることができません。しかし出世間の価値観と常識を正しく知るためには、それに真剣に耳を傾ける必要があります。まずは仏教の道理・真理を受け入れましょう。

しかし、真理を聞くだけならただの知識にすぎません。「論語読みの論語知らず」では意味がなく、獲得した知識は使わなければ自分の人生に役に立ちません。そこで「思慧」が出てきます。これは聞いて知り得た仏教の道理・真理を自らよく考えることです。たとえば自分の身に起こった出来事を思い出しながら、無常や無我の真理に沿って考えるのです。そうすることによって、なるほどあの出来事はこのような原因と条件によって発生し、そして変化し生滅したのかということがわかってきます。

このように得心できたならば、今度は自分の生活の中で実際に活用してみるのです。それが「修慧」です。これによって、自分の身の回りに起こるさまざまな出来事に対して一喜一憂することもなく、大きな岩が風に揺るがないように、いつも平穏な心持ちでいられるのです。また口に語る時も、身で行為をする時も、道理にしたがった行動をとることができるようになります。

三慧の具体例

無常・無我という真理を受け入れることが仏教的な生き方の入り口に立つことであり、仏教的人格者への第一歩でもあり、いよいよ自分貢献が始まるのですが、ただ頭で知的に理解し納得するだけでは意味がありません。それを実生活に運用してゆくことが本当の智慧の獲得なのです。

まずは「この世界に生まれ出た者は確実に死ぬ」という真理を聞いて受け入れます。しかし、わかっていながらなかなか受け入れられなくて苦しみます。たとえば遠い国の名前も知らない人の死は深刻に思い悩んだりしません。ニュースで幼い子が不慮の事故で亡くなったと報道されても、可哀そうだとは思いますが、次のニュースが報じられるともうそのことは忘れています。

ところが、自分の子が不慮の事故で亡くなると、そうはいきません。同じ幼い子であっても、他人の子と自分の子では違います。理性的には「人は死ぬ」とわかっていても、感情的には自分の子の死を受け入れられないのです。受け入れないままでいると、苦しみは癒えることはありません。その真実を聞いて受け入れがたくとも、受け入れることが「聞慧」です。これが苦悩から解放される第一歩になります。

この聞慧を受け入れることができれば、次は「思慧」です。死というものは遠い世界の他人事かと思っていたのに、自分の親しい人を失うと、人の死というものがこんなにも身近に、そして突然にやってくるのかとしみじみ感じられるはずです。この現実は、次は自分の番かもしれないというイメージにつながります。若いから、元気だからといって明日もあるという保証はありません。ですから、次にこの柩に横たわり、家族から拝まれるのは自分の番かもしれないというイメージです。要するに無常（死）が突然にやってくるということは、他人ごとではなく自分ごとなのだと思慮することが「思慧」になるのです。その意味でお葬式というものは大切な儀式です。亡き人への弔いや、回顧と感謝の気持ちを表すことが中心ですが、それと同時に自分の人生をふりかえり、「さて、今の生き方で良いのか?」と思いをめぐらせる時間にもなるからです。これまでの自分の生き方を見直し、仏教的な人格を高めようとするならばこの三聚浄戒を修めることが望ましいのです。それを「修慧」と呼びます。

たった一度だけの人生、自分の命を自分らしく、なるべく後悔のないように、そして苦しみ、悩み、不安、恐れを減退させて、有意義な人生を送るために、三慧をはたらかせるのです。

今、必要なことを最優先する

人間のすることはたったの三つしかありません。この世に生まれること、この世を生きること、この世を去ること。ところがどれも自分の思い通りになりません。生まれたい時代と場所と両親とを選ぶことができず、自分が思い描くような理想通りの人生を送ることもできず、自殺・自死を除いては死ぬ年齢も場所も死因も選ぶことができません。

更に自分の心も体も思い通りに管理できません。「自分のもの」であるはずなのに、自分の思い通りにならないのはなぜでしょうか。それはすでに「1　布施」の項で述べたように、それらはすべて「自分のものではない」からです。それらはみな多くの原因と条件が離合することによって刻々と変化し存続している現象として目の前を流れ去っているにすぎないからです。つまり、この世界にあるものはどれもこれも、誰かの所有物ではありえないということになります。

それなのに「私の体、私の心、私のもの」などと勝手に錯覚し執着していることに気づいていないのです。それを「愚痴」と言います。

我われは不本意ながら輪廻の世界に生まれ、生き、死ぬしかありません。それを決して避けることも完璧にコントロールすることもできないのですから、今何を優先すべきかを考え実行する以外に生きる意味などありません。

「好きか嫌いか」という感情でものごとを判断すると失敗します。感情は快楽に引き付けられるものだからです。大切なことは理性によって自分の人生に「必要か必要でないか」を基準として判断するのです。大好きなお菓子ばかり食べていたら健康は維持されません。人間はさまざまな食材で必要な栄養素を補わなければ生きられません。だから、必要なものを食べなければなりません。また楽しいからといって海外旅行ばかりしていたら、日々の生活はできなくなってしまいます。生活費を稼ぐために仕事をしなければなりません。まずは自分が生きてゆくために必要なことを優先しなければならないのです。もし好きなことをしたいならば、その前に必要なことを行います。その後で好きなことに没頭し楽しめばよいのです。それで人生が失敗する可能性は確実に減ります。

六波羅蜜のまとめ

仏教には八万四千の法門があると言って、たくさんの教えがあります。それらのどれを修行してもよいのです。自分にとって有益であると思った修行、自分の能力と生活環境に照らして可能だと思える修行を各自が選んで実践することになります。

その際に、ある程度の目安となるのがこの六波羅蜜です。どれか一つでも実践できそうなものはあったでしょうか？　どれを行うにしても、それはすべて大切な自分自身を守るために行う自分貢献の教えだということを忘れないでください。

楽しく遊んでいる最中に大ケガをしたときはどうしますか？　手当をしたり医者に治療してもらったりしますね。それはなぜか？「今日の一針《ひとはり》、明日の十針《とはり》」と言うように、問題が発生した時、その対処は明日では遅いのです。その日のうちに対処すれば一針縫うだけで解決するはずが、明日まで放置すると十針も縫うはめになります。だから感情を優先させて好きな遊びを続けてしまうと、その後思いがけず重大な支障が出てしまい、その解決に大きな負担がのしかかってくるかもしれませんし、場合によっては命を危険にさらすことにもなります。ケガをしたその時にやるべきことは、理性をもって遊びを中断して治療に専念することです。

体が傷ついたときは治療するのに、心が傷ついたときにどうしてケアをしないのでしょうか。それは自分の心が被害を受けていないと思い込んでいるからです。日々の生活の中で、さまざまな苦しみ、悩み、不安、恐れ、貪り、怒りがどんどん湧いて出てきます。一つの苦悩を解消してもまた別の苦悩が湧き出てきます。そうした尽きることのない苦悩に苛まれる毎日を過ごしていながら、それでも傷ついていないと言えるでしょうか。心が病んでいるのに、それを認めようとしないことがすでに重症なのです。

仏教は自分をとことん大切にしようとする教えを説きます。自分のことが大切なら自分で自分を救うしかありません。三聚浄戒の第二摂善法戒において設定している六波羅蜜は、大ケガを負わないようにする予防薬であり、また受けた大ケガを治療してくれる良薬です。毎日継続して習慣化することによって、必ずや快方へと向かってゆくことになります。

第三節　摂衆生戒――世のため人のために尽くす――

三聚浄戒の最後がこの摂衆生戒《せっしゅじょうかい》です。これは生きとし生けるものに慈悲の思いを寄せ、慈悲の言葉で語りかけ、慈悲の行いをすることです。大乗仏教では自利行のみならず利他行を大切にしています。それがこの摂衆生戒です。その意味で大乗仏教の菩薩戒としての特色をよく発揮していると言えます。

本書において繰り返し述べてきたのは、感情を抑えて理性によって判断し行動するということでした。ただ、不完全な私たちにとってそう簡単に感情を抑えることはできません。一時的にはできたとしても継続的にコントロールすることはとても難しいでしょう。そこで、自利行ではなく、利他行を意識した生活をしてみましょう。なぜかと言いますと、自利行はそれを行う人の心のどこかに「得をしたい」、「大儲けしたい」、「高く評価されたい」という損得感情が沸きあがってくるからです。しかし、利他行ならば自分の損得とは直接的にはかかわらないことなので、感情に翻弄されることがありません。ここではその利他行についてお話します。

利他と利他行

摂衆生戒は単なる利他ではなくて、利他行と言わなければなりません。本書では両者を区別しておきたいと思います。利他とはたとえ自分を犠牲にしても他人に尽くすことを目的にした活動で、利他行とは仏教的な人格の向上を目的として他人に尽くすことを手段にした自分貢献の修行です。

もし、自分の責任も役割もすべて投げ出してまで他人のために滅私奉公するだけでよしとするならば、それは利他行ではありません。『ダンマパダ』には以下のように説いています。

・先ず自分を正しく整え、ついで他人を教えよ。そうすれば賢明な人は、煩わされて悩むことがないであろう。（一五八）

・たとい他人にとっていかに大事であろうとも、他人の目的のために自分のつとめを捨て去ってはならぬ。自分の目的を熟知して、自分のつとめに専念せよ。（一六六）

仏教はまずは自分貢献しましょう、と提唱する教えです。自分のなすべきことを犠牲にしてまで他人に尽して生きることに意味を見いださないからです。

仏教は自分の人生を主体的に生きて行く教えなので、自分で自分の苦しみや悩みを解決できるのです。それなのに、他人の顔色をうかがい他人に追従する生き方は、他人の人生を生きることになってしまいます。

また、しばしば「世のため人のために活躍できる人になってください」と聞くことがあります。思いだせば幼いころ保護者や学校の先生から聞かされた常套句でした。卒業式には校長先生や保護者会の会長さんが語っていました。

世のため人のために尽くすこと自体はすばらしいことです。しかし、人はそれを遂行するためにこの世に生まれてきたわけではありません。仏教は自分の生き方や目的を放棄してまで、自分とは関係のない不特定多数の人に尽くす生き方を良しとはしません。

そのような息苦しい生き方に悩んだ末に出家したのがお釈迦さまでした。もし仏教が世のため人のために尽くすことを目的にしてしまえば、お釈迦さまが出家した意味や価値がなくなってしまいます。出家・出世間という事態は、俗世の諸問題との決別宣言でもあるのです。

ちなみに、『ジャータカ』には「捨身飼虎」でおなじみの、飢えた虎のために、その餌になるべく、自ら命を絶った修行者のお話があります。しかし、これはそれほど仏道修行とは厳しいものだという誇張表現であって、インドの修行僧が本当に行っていたのではありません。あくまでも仏教文学における作り話・フィクションにすぎません。

利他と利他行を区別してみましたが、前者は社会的活動なので社会的に認められ評価されますと何らかの賞が授与されるでしょうが、後者は仏教の修行なので社会的な認知や評価、そして受賞というものとは無縁です。利他行を実践している人が受賞したら、その瞬間に修行としての功徳はなくなり、ただちに利他という活動になります。

四つの利他の心がけ

さて、『菩薩瓔珞本業経』では「四無量心」の実践が摂衆生戒であると説いています。四無量心とは慈・悲・喜・捨の心がけです。無量無数の生きとし生けるものに対し、いつも差別することなく、等しく利益を与え、救いとろうとして起こす四つの利他の心がけのことです。

①慈無量心……生きとし生けるものに楽を与えようとする心
②悲無量心……生きとし生けるものの苦を取り除こうとする心
③喜無量心……生きとし生けるものの善を我がことのように喜ぶ心
④捨無量心……生きとし生けるものに差別や偏見の思いを抱かない心

これら慈・悲・喜・捨の四つの心がけは、誰もが簡単に起こすことができそうですが、実はそれほど易しいものではありません。

たとえば、自分の家族、友人、恋人、褒めてくれる人にはこの四つの心を起こせますが、そこにとどまっているうちは単なる世間的な道徳にすぎません。仏教道徳としての四無量心とは、そうした自分と親しく近しい人だけに限定されるものではありません。

自分の嫌いな人、自分を嫌っている人、いつも批判し敵対しているような人、身勝手で迷惑ばかりかけてくる人などにも、分け隔てなく慈・悲・喜・捨の四つの心を起こさなければならないからです。対象を

「生きとし生けるもの」と定義したのはそうした意味です。

四無量心は執着、差別、偏見を徹底的に削ぎ落とすための修行なので、一般に考えるような世俗的な優しさとはレベルが異なります。『スッタニパータ』には以下のようにあります。

あたかも、母が己の独り子を命を賭けて護るように、そのように一切の生きとし生けるものどもに対しても、無量の（慈しみの）こころを起こすべし。（一四九）

摂律儀戒では、その最初の不殺生戒を前に、殺生せずに生きることができない自分は、いったいどうすればよいのかと不安になり、「持戒してみよう」という思いは萎えてしまいました。

この摂衆生戒でも同じように、最初に課せられた四無量心を前にして、大嫌いな人に大慈悲の心など起こせるわけがないと思ってしまい、当初の崇高な意志はあっさり砕けてしまうことでしょう。

繰り返しますが、仏教は世間的・限定的な善人になることを目指しているのではなくて、出世間的・普遍的な人格者になることを目的としています。ですから、対象が誰であろうと起こす心に差別はまったくありません。もちろんそれを実践する精神的な負荷は相当大きなものになりますが、四無量心は修行であるということを忘れないでください。

四つの利他の行い

以上の四つの心がけは大切ですが、単に心がけだけではなく、具体的な行動がともなわなければなりません。そこでこの四無量心という四つの意業による利他心を発した上に、さらに四摂法と呼ばれる四つの利他行が重要になってきます。こちらは身業と口業による利他行になります。

①布施……財産や仏法や安心感を与え、その見返りを求めない
②愛語……慈愛のある言葉で語り、不安や恐怖を除いて慰安する
③利行……衆生を苦悩させず、むしろ利益となる行いをする
④同事……相手の立場で考え、寄り添いながら行動する

これら四つの利他の実践は、必ず前の四無量心を起こした上でなされなければなりません。身口意がちぐはぐでは修行にならないからです。

①布施については摂善法戒の中で六波羅蜜を解説したのでここではもう述べません。②愛語も③利行も、そして④同事にしても決して易しい修行ではないでしょう。これも前の四無量心がそうだったように、人を見て区別していたら修行になりません。

自分にとって気にいらない人に愛語で話しかけ、利益になることを行い、寄り添うことは抵抗があります。憎らしい相手ばかりが得をして自分が損をしているような気分になることでしょう。いくらこちらが

四摂法をもって接しても、相手もこちらを嫌っており、敵意をむき出しにしてくれば、自分もどうしても好きにはなれません。

しかし、自分が利他心で接したり、利他行をしたりすることで、相手が得をするかどうかは相手の問題であって、こちらには関係のないことです。そのようなどっちでもよいことを気にするのではなく、ただ自らの修行の完成を考えて実践するだけです。せっかくの自分の修行が相手に対する感情によって邪魔されることは愚かなことではないでしょうか。

無縁の慈しみ

『観無量寿経』というお経には、阿弥陀仏の慈悲を以下のように説いています。

阿弥陀仏の御心とは大いなる慈しみです。分け隔てのない慈しみによってあらゆる人々を救い取ってくださるのです。

阿弥陀仏はその大慈悲の心をもって、たとえご縁がない者であろうと、光明でその人を明るく照らし、優しく包み込んで一人ももらさずに救い取ってくださいますという意味です。さて、私たちにもそのような慈しみを持つことができるでしょうか。

前項では四無量心と四摂法を解説しました。これらはあらゆる対象に向けて働きかける慈悲の心遣いと行動規範でした。つまり善縁と悪縁を問うことなく平等に関わっていくことなのです。

ところが私たち凡夫というものは、平等で公平であるべきことは理想だとわかっていても、なかなか仏さまのように生きとし生けるものを分け隔てなく慈しめるような広大な心で接することはできそうにありません。それはいったいどうしてでしょう?

対人関係のストレス

私たちが日常的に感じる苦しさ・腹立たしさはいろいろです。老いたくなくても老い、病みたくなくても病み、死にたくなくても死にます。ほしいものは手に入らず、大切なものを失い、苦手な人とも顔をあわせます。要するに思い通りにならないということです。

そしてまた対人関係においても思い通りにいかず、大きなストレスとなって、学校や会社に行けなくなったりします。誰にも相談しないで放置していると、やがて心のストレスが体を蝕んで、ますます事態が悪化してしまいます。

しかし、そもそも対人関係でストレスを感じていない人などいません。誰もみなどこかでスッキリしないまま人付き合いをしているものです。たとえ長年いっしょに暮している夫婦でも親子でもそうなのですから、まして生まれた時代、育った環境、教育、宗教、道徳などが異なる他人同士、価値観も異なるのは当たり前のことで、うまく付き合えるはずがありません。それが当たり前だという前提で付き合うしかないのです。

このように対人関係でストレスをかかえたとき、心理学では状況に応じたさまざまな対処法を示してくれるでしょう。たとえば他人を優先しない、自分を人と比べない、過剰に期待しない、頑張りすぎない、誰かに相談する、相手との距離をとるなどです。

心理療法はストレスを抱えた後の対応として重要な役割を担っていますが、仏教の対応策は事後ではなくて事前になります。ストレスが起きないように問題を未然に防ごうとします。それはいったいどういうことでしょう?

カテゴライズ

対人関係でストレスを感じた経験のない人はいません。なんとか対処しようとしても、うまくいかないことが多いです。しかし、その原因がわかれば対処できます。その前に、まずは世俗における対人関係のしくみをここで確認しておく必要があります。

社会生活している私たちは、生まれてすぐに自分以外の人と関係を持ち、同時にカテゴライズしています。カテゴライズとは、何らかの基準にもとづいて同じ性質ごとに分類し、それぞれの枠に入れこむことです。

生まれると、まずはおっぱいを与え、オムツをかえ、抱っこして、お風呂にいれるなど、毎日ニコニコ笑顔で自分のことを世話してくれる人、その多くは母親かもしれません。赤ちゃんは自分のそばでいつも笑っているお母さんが大好きです。ここで赤ちゃんは自分の「お母さん」という認識が生まれ、それ以外の人と区別します。カテゴライズの始まりです。

幼稚園に上がれば出迎えてくれる人に「おはようございます」と挨拶します。教室に入ると誰かが近寄ってきて「遊ぼうよ」と声をかけてくれます。ここで自分には「先生」と「友達」という対人関係があることを認識します。

小学生になると、年上のお兄さんお姉さんに「こんにちは」と挨拶しますので、ここでも自分には「先輩」という対人関係が結ばれていることを認識します。恋愛すると「恋人」、結婚すれば「妻」や「夫」という対人関係を認識することになります。同じように、「兄弟や姉妹」がいる、「子供」がいる、「上司」がいる、「同僚」がいる、「部下」がいるという対人関係の認識がどんどん増えていきます。森の中で単独生活しないかぎり、毎年この認識は増える一方です。それはつまりカテゴリーが増えるということです。

カテゴライズがストレスを生む

カテゴリーが増えると同時に、彼らに対する対処法も増えてしまいます。対応できている間はよいのですが、それができなくなったときに関係性が揺らぎ始め、ストレスを抱えこむことになります。

たとえば、友人が困っている時には何かしてあげようと思います。でも自分には仕事や家庭があって、友人だからといって常に相手に気配りして世話することはできません。友人ならばいったいどこまでしてあげたらよいのだろうと悩んでしまいます。

あるいは、彼が困っているときに私は友人としてちゃんと手助けしたのに、私が困っている時に彼は何もしてくれない。これは友人としてフェアじゃないと憤ったりします。

恋人についても同じことが言えます。私は相手にこれだけ好意をいだき、あれこれと尽くしているのに、相手はちっとも尽くしてくれない。お付き合いしているのに、なんだか好意の熱量が少ないのではないか？　恋人だったら自分と同じか、もしくはそれ以上のものを示してほしいと思ったり、なんらかの見返りを期待したりします。しかし、熱量も誠意も示してもらえず、期待していたようにはならないので落胆してしまいます。

このように友人というカテゴリーを作り、その中に自分が友人だと思っている人を入れこみ、そのカテゴリーの中をさらに細かく分類したりします。しかし、これらはみな自分で勝手にカテゴライズし、その中で義務や責任を勝手に決め、それを果たせなくなって、結局は自分を苦しめることになってしまいます。それだけではありません。友人や恋人だと思っていたその相手は、私のことを同じように友人や恋人のカテゴリーに入れているとは限りません。そのように対人関係のカテゴライズは、それぞれが自分勝手にしているだけのことで、お互いに一致するとは限らないのです。

それなのに、一致していることを前提にものごとを考え行動してしまいます。でも相手とのカテゴリーが異なっているので、相手は自分の思い通りの言動を示してくれなくてモヤモヤしてしまい、やがてはストレスになってしまうのです。どうも、カテゴライズすることに対人関係におけるストレスの原因がありそうです。

カテゴライズをやめよう

　カテゴリーとは確かに便利で有効な側面もあります。たとえば料理でいうと、大皿の上に煮物、焼き物、揚げ物、蒸し物を分けて盛り付けるようなものです。このように分類して盛りつけることで、それぞれの調理法ごとの味と食感を楽しむことができますし、見栄えもすることでしょう。

　我われの対人関係も大皿の上の分類と同じで、相手によって分類し、それに応じた付き合い方を決めています。親に対しては子として、子供に対しては親として対応します。上司に対しては部下として、部下に対しては上司として対応します。同じように、友人、恋人、ご近所さん、そして猫のタマにも、相手の地位や立場、年齢や性別など、自分との社会的な関係性を判断した上でその対応方法を考え、お付き合いをしているのです。

　社会で円満に生きていく上で、このカテゴライズは「社会性」のある対処と言えるでしょう。人間だけではなく、ボスが中心のサルやライオンの社会でもある程度はそのようになっています。これは当たり前のことで、私たちは幼い時から仕込まれてきているので、簡単にその呪縛から抜け出せませんし、そもそも抜け出そうと考えたことすらないでしょう。

　相手が属しているカテゴリーに応じた付き合い方をすれば、円満な社会生活をおくることができます。ですからカテゴリーそれ自体に何か問題があるというわけではありません。それでは何が問題なのかと言うと、前述したように、対人関係をカテゴライズした時、自分にも相手にもその義務と責任を勝手に課していることと、相手もまたこちら側を勝手にカテゴライズしているという事実に気づいていないことなのです。

そこで、自分と関わりのある人をカテゴライズするのをやめてみるのです。細かく分類するのではなく、「衆生」という一つの大きな枠にいれてしまえば、対人関係の問題・ストレスは物理的に起きてきません。

心理学では最終的にはストレスの原因になっている相手と距離を取ることを教えているようですが、仏教ではそのようなことを言いません。距離を取る必要も関係改善に努力する必要もありません。親も子も、友人も恋人も、先生も生徒も、上司も部下も、そして男も女もすべての関係者をカテゴライズするのをやめて、「衆生」という一つの大きな枠で囲うだけです。いきなりそれは無理と言うなら、さしたって「知人」あたりでいかがでしょうか。

要するに、既存の関係性の枠組みを取り外すということになります。もちろん枠組みを取り外すからと言って、親子関係が喪失するものでもありません。親は親のまま、子は子のままです。あくまでも「私たちは親子だ」というような強い依存を放棄することです。

実は仏さまの「無縁の慈しみ」とはこのことなのです。仏さまは善人と悪人をカテゴライズしておられません。好き嫌いや損得感情なしに生きとし生けるものに接してくださっています。だから仏さまにストレスはありません。仏さまのようにカテゴライズをやめてお付き合いすると、ストレスは確実に緩和されていきます。仏教徒はこれを修行として実践するのです。

宗教の社会貢献

社会貢献とは、組織や個人による不特定多数の人々の利益に資する行為や活動と定義されるようです。そして現在の日本では各宗派や僧侶がこれを行うことが期待されています。行政や営利団体にはできないことを、宗教法人や宗教者に担ってもらいたいという思いがあるのです。とりわけこの傾向は甚大な災害や紛争が発生した際には、より声高に強調されるようです。

それらの中には「社会貢献こそが宗教の存在意義だ」「社会貢献をしない宗教など存在価値はない」などと乱暴なことを言いだす人もいますから、宗教団体としてもそうした世間の同調圧力に屈しないとも限りません。

しかし、そもそも社会貢献を主目的として創設されたような宗教や宗派などありませんから、おそらくこうした論調は、宗教や宗派の主目的が十分に認知されていないことが原因なのでしょう。その原因を作っているのは、宗教者や僧侶の側にあるので、適切に伝える努力をしなければならないと思います。

それぞれの宗教には社会貢献に対する考え方や方針があるので、ここでは宗教全体の話はしませんが、注意すべきことはあります。それは社会の期待や政府の意向に沿わんとして、やみくもに阿附迎合した社会貢献をするならば、とても危険なことだということです。

ご承知のように、日清戦争・日露戦争、そして昭和の戦争にいたるまで、日本の仏教界が俗世の風潮に飲み込まれ、戦争に加担してしまった事実がそれを証明しています。そうした社会や政府からの期待と意向に対して、宗教者は一時の社会情勢と個人的感情を捨てて、それぞれの教旨や宗旨に照らしながら対応しなければなりません。

しばしば「仏教の戦争責任」と言われることがありますが、このような表現は正しくはありません。仏（ブッダ）と法（ダルマ）に責任はないからです。責任は僧（サンガ）にこそあります。

仏教的な社会貢献とは？

摂衆生戒は世のため人のために尽くすことなので、社会貢献は戒の実践そのものです。しかし、本書では自分貢献こそ戒の実践であると説明してきました。ここで、「おや、社会貢献と自分貢献、いったいどちらが戒なのか？」と訝しく思う方もおられることでしょう。

持戒することも悟ることも自分貢献ですが、だからと言って仏教が他人や社会はどうでもよいとか、無関心だなどと言っているのではありません。

そもそも、お釈迦さまが悟りを開いたとき、執着の激しい人々にはとうてい仏教を理解できないと考え、布教することを断念しかけました。ところが、伝説によりますと、そこに梵天が現れて、人々を教導されるように懇願します。乗り気ではなかったお釈迦さまも最後は梵天の要請を受け入れて教えを説くことにしたのです。ここに仏教の社会貢献がはじまります。

このように仏教は社会貢献に反対していませんが、世間的・一般的な社会貢献とは少し異なることに注意が必要です。

仏教では、この世界のすべての人や物事は、持ちつ持たれつの関係にあるという真理を説きます。これを「縁起」と呼びます。あるいは「共生」「ネットワーク」「絆」とも言えるでしょう。この世のすべてがつながりながら存続している現象ということです。

たとえば次のようにイメージしてみてください。「私の家族や友人・恋人など親しい人が不幸のどん底にいる時、それでも私は幸せを感じられるだろうか？」と。

おそらく親しい人が苦しんでいたら、なんとかして手を差しのべたいと思うでしょうし、それが実現できない間は心が落ち着かず、心配でとても幸せを感じることはできないでしょう。

もし、そうであるならば、人間は自分にとって親しい人や大切な人が不幸の時、自分だけが幸福を感じることはないということになります。つまり、自分の幸福は親しい人や大切な人の幸福を前提とするということになります。だったら、自己中心的な考えではいられません。

自分が本当の幸福感を味わうためには、自分と親しい人や大切な人にも幸福でいてもらわなければならないのです。縁起・共生・ネットワーク・絆という現実の中で生きている私たちは、そのような連鎖している存在です。

したがって、持戒することによる自分貢献が、必ず巡りめぐってやがては他人貢献・社会貢献につながり、結果的には「自利即利他、利他即自利」の win-win となります。これが仏教的な考え方ですから、自分貢献が「自己中心的」だとは言えないのです。自分貢献と社会貢献は≠（ノット・イコール）のようでいて、実は≒（ニア・イコール）の関係になっているわけです。

なお、この摂衆生戒は「世のため人のために尽くす」という意味でした。世間ではこれを目的にしています。しかし、仏教ではこれを手段とみなします。悟りを得るために、仏教的な人格を向上させる自分貢献を成就するための手段として摂衆生戒を実践するのです。したがって、摂衆生戒としての社会貢献は単なる「利他」ではなくて「利他行」であり、また「活動」ではなく菩薩道を完成するための「修行」と言うことになります。

第三章　戒を受ける・戒を持《たも》つ

第一節　なぜ受ける？

日本の仏教は近世以降、お寺の墓地にお墓を建てると自動的にそのお寺の檀家さんになります。それは個人単位ではなく家族単位で当該寺院に所属することを意味しますが、その家族全員が仏教や宗派の教義理解と信仰があるとは限りません。ただそのお寺に先祖のお墓があると言うだけで、仏教徒や信者であるという明確な自覚はないかもしれません。

そうした檀家さんでも自他ともに認める「正式な仏教徒」になるためにはどうしたらよいかと言いますと、それは戒を受けるという手続きが必要になってきます。それが「受戒」です。

覚悟して受ける

戒を授けることを「授戒」と言い、戒を受けることを「受戒」と言います。授戒は授ける側の、受戒は受ける側の用語と理解していただいても結構ですが、漢字の「授」にはさずける・さずかるの両義があるので「授戒」と呼ぶのが一般的です。ですから、戒を授受する儀式を「授戒会《じゅかいえ》」と言うのです。この儀式を通して、仏門に帰依した者としての名前とその証明書である戒名《かいみょう》と戒牒《かいちょう》を頂くことになりますが、単なる形骸的な儀式ではありません。

私が奉職していた佛教大学では、学生や教職員を対象として二泊三日の授戒会を行っており、戒名や戒牒を授与する「正授戒《しょうじゅかい》」の儀式は最終三日目に行われます。それに先立って初日と二日目には、仏教とは何か、あるいは戒とは何かをしっかりと学んでいただく講義の時間を設けております。これを「説戒《せっかい》」と言います。この説戒の時間が重要で、説戒師さんが丁寧に仏教の歴史と教義の解説を通して仏教独自の価値観を受者に伝えます。

仏教はお釈迦さまによって提唱された独自の価値観があり、それは現在もなお変わりません。この先も仏教が存続するかぎり、決して変わることはありません。変わらない価値観こそが本当の意味での常識です。説戒ではこうしたことをしっかりと聴講してもらうのです。

ホンモノの常識を学び、またそれを日常生活に活かしていくからには、軽い気持ちで戒を受けるのではなく、仏教徒になる覚悟を決めて真摯に受けていただかなければなりません。

仏教的な生き方のお手本

さて、皆さんは社会の変動に呼応して変化する世間の価値観と、社会が変動しても決して変化しない仏教の価値観のどちらを人生の指針にしたいでしょう？　「変化があるほうが刺激的で楽しく感じられる」、あるいは「変化の中の競争原理があったほうが成長できる」、そのように思う人は世間の価値観で生きてゆけばよいと思います。それによって自分が幸せになれるのであれば、それを否定しません。

ですが、この世界の中にはそうした生き方にこそ苦しみと不安を感じている人がいます。世間の価値観の変化についていて行こうとしても、それがなかなかできず、自分は落ちこぼれや負け組なのだとネガティブな気持ちになってしまいます。周囲からも白い目で見られ、可哀そうな人と同情されているのではないかと不安はつのります。このように置いてきぼりになって、苦痛と不安に苛まれる人がいるのです。

一方、変化しない仏教の価値観とは何でしょう。たとえば壁に寄りかかって休もうとする時、その壁が動いてしまえば、自分も同じく動かざるをえません。しかし、決して動かない壁があれば、ずっとその壁に身も心も委ねたまま休むことができます。その動かない壁、すなわち自分の人生を託すことができる安定した支えが仏教であり、その価値観を具体的に示したものが戒です。

そして、こうした変わることのない価値観や本当の意味での常識を教えてもらえるのが説戒なのです。ですから戒を受けるというのは、実は仏教そのものの価値観を学び取ることになります。もっと平易に言えば、仏教的な生き方のお手本を身につけるということです。

したがって、戒を受けることは、その後の人生をよりよい方向へと導いてくれます。ここに戒を受ける理由と意義があります。

どうせ破るのになぜ戒を受けるのか？

せっかく戒を受けたとしても、それを生涯にわたって確実に守りきることに自信がなくなり、受戒した翌日にはもう破ってしまうのではないかと不安に思い、ついには「どうせ破るのになぜ戒を受けるのか？」と言う疑問が頭をよぎります。

たしかにわずか一つ二つの戒ですら、生涯守り通すことは簡単ではありません。一日や二日ならなんとか守れても、それを生活に定着させ習慣化するまでは、それなりの強い意志が求められます。ですから途中で力尽きて戒を破ってしまうこともあるでしょう。そこで「やっぱり私には無理なんだ」と嘆くかもしれません。

しかし、何をするにも最初から完璧にできる人などいません。どんな優秀な技術者でも、そのレベルに到達するためには必ず最初の第一歩があったはずです。その最初の段階では何度も失敗を繰り返すものでしょう。そうした経験を通して何が失敗なのか、どうすると失敗してしまうのかを知ることになるのです。失敗する原因がわかれば、次からはそれを選択肢から排除できます。失敗の原因が排除されれば、上達したり成功したりする確率は高まります。

受戒したら仏教徒のビギナーになるのですから、破戒することは特別なことではありません。もし破戒したら、破戒したことを素直に認めて、「次は犯すまい」と気持ちを新たにしたらよいのです。しかし、また破戒するでしょう。そうした一進一退の繰り返しの中で、やがて失敗が減っていけば、それでよいのです。

したがって、「どうせ破るのになぜ戒を受けるのか?」は愚問です。それは「どうせ破れるのになぜ服を着るのか?」と問うことと同じことです。受戒するのも服を着るのも、どちらも自分を守るためです。たとえ一進一退であったとしても、大切な自分を守れるのは自分だけです。

第二節　どう受ける?

仏教にはさまざまな儀式があります。身近なところでは年忌法要です。またお盆やお彼岸の法要もありますし、結婚式、お葬式、涅槃会《ねはんえ》や花祭り等、たくさんあります。そしてこれらの儀式を遂行するためには、それぞれしかるべき次第順序と作法があります。

戒を受けるにも定められた次第順序と作法にもとづく儀式を通して行われます。この節では戒を受ける儀式について解説します。

厳粛な儀式の中で受ける

ここまで読み進めて下さった読者の中には、次のような疑問が浮かんでくるかもしれません。それは、わざわざ形式的な儀式を通してにぎにぎしく戒を受けなくても、戒の項目だけを勉強し、自分自身で持戒するように心がけるだけでもよいのではないかということです。なるほど、それも一理ありますが、厳かな儀式の中で戒を受けることにはちゃんと意味があるのです。

たとえば、結婚式、披露宴を行って夫婦になった男女と、役所に婚姻届だけを提出して夫婦になった男女では、その後の離婚率に違いがでてくるそうです。それは神仏の御前で厳かに誓う結婚式、大勢の人に祝福してもらう披露宴など、手間と時間とお金をかけた一連の行事が、多少の夫婦喧嘩などでは離婚できないという歯止めになっているようなのです。

戒を受けることもこれと同じように、立会人が同席して厳粛な儀式を行い、それを広く周知することで罪の抑止と善の実践を心がけ、また菩薩道の体現者として慈しみと敬いの心を起こして利他行へと導かれてゆくのです。伝統として継承されている儀式には必ずその目的と意義があります。戒を受ける儀式は仏教徒を生み出す契機になるので、大きな意味があると言えます。

授戒会の儀式

授戒会は各宗派の本山や地方の寺院でも行われています。ちなみに浄土宗における授戒会は三日間で行われるのが一般的です。以下に参考までに佛教大学の授戒会の日程を示しましょう（開催年度によって若干の変更はあります）。

初日

午前…オリエンテーション、法務指導、聖歌指導、昼食

午後…入行式（懺悔式）、説戒①、説戒②、勤行、夕食、説戒③、懇談、入浴、就寝

二日目
午前…起床、二尊院参拝、嵯峨野散策、朝食、説戒④、勤行、説戒⑤、音楽法要、昼食
午後…説戒⑥、勤行、説戒⑦、清凉寺貫主法話、勤行、夕食、正授戒の説明会、懇談、入浴、就寝
三日目
午前…起床、清掃、勤行、朝食、正授戒、記念撮影、御礼礼拝、満行式、昼食（祝膳）
午後…清掃、感想文提出、解散

このような日程で進められ、三日目の午前はいよいよ正式に戒を授与する「正授戒」の儀式が行われます。その儀式は『授菩薩戒儀《じゅぼさつかいぎ》』という、いわば授戒会の台本に基づいて行われます。

授戒会は多くの宗派が行っているので、関心のある方は檀那寺または各宗派の本山や事務局に問い合わせてみてください。

授戒会においては単に戒を受けることだけが目的ではなくて、講義を通して仏教の根本精神や教義を学び、勤行を通して儀礼や作法を修め、作務を通して合理的で基本的な動作を会得するのです。そうであれば、やはり三〜四日は必要になりますが、仏教の入り口に導くことだけを目的とするならば一日の授戒会でもよいかもしれません。

ちなみに京都の法然院では毎年一回、一日授戒会を開いて三聚浄戒を授与しており（申込み必要、所要時間約八時間）、高野山の大師教会では毎日七回の授戒会で十善戒を授与しています（申込み不要、所要時

間約三〇分）。いずれも宗派の相違を問わず誰でも受けることができます。戒に関心のある方や、気軽に参加したいと言う方にはよいと思います。

『授菩薩戒儀』の手順に沿って戒を受ける

最終日の正授戒では、一二の次第順序にしたがって儀式を執行します。中心となるのは言うまでもなく⑦の授戒です。以下にその概要のみを紹介しておきます。

①開導…戒の意義や概略を説いて仏教徒になる自覚を促す
②三帰…仏・法・僧の三宝への帰依を誓う
③請師…釈尊・文殊・弥勒・戒師等を授戒する道場に招き入れる
④懺悔…過去から現在までの罪業を懺悔して身口意の三業を清浄にする
⑤発心…自利と利他の心をおこす
⑥問遮…授戒する資格の有無を問う
⑦授戒…三聚浄戒を授ける作法を三度行う
⑧証明…十方諸仏に授戒したことの証明を請う
⑨現相…十方諸仏の世界で瑞相が現れていることを説く
⑩説相…十重禁戒を受持することを誓う

⑪広願…授戒の功徳を回向して自他ともに菩薩道の完成を願う
⑫勧持…これ以後は断悪修善や自利利他を心がける

戒を受けますと「戒名」が授与されます。戒名と聞くと、人が死んだ後に和尚さんからつけてもらう名前のようなイメージが強いと思いますが、本来はそうではなくて、授戒儀式を済ませた人に限定して授けられる仏教徒としての正式の名前です。

さて、授戒会において戒を授けてもらい、同時に戒名を頂いたからといって、その名前によってすぐさま人生が大きく変わるということではありません。

第三節　持《たも》つとどうなる？

戒を受けて戒名を授けてもらったとしても、ただ授戒名簿に記載されるだけのことです。重要なことは受けた戒、すなわち三聚浄戒（悪を断じ、善を修め、世のため人のために尽くす）を実践することです。それを「持戒《じかい》」と言い、「戒を持《たも》つ」と読みます。すでに述べたように、戒は単に受動的に守るだけではなく、能動的に行うことでもあるので、「守戒（戒を守る）」よりも「持戒（戒を持《たも》つ）」と呼んだほうがより適切です。そこで以下に持戒するとどうなるか、また破戒するとどうなるかについて説明します。

持戒のメリット

持戒すれば利益を得ることはあっても、不利益を被ることは何一つとしてありません。また誰かに迷惑をかけたり、社会に悪影響を及ぼしたりすることもありません。『大般涅槃経』には持戒した者の福徳が説かれています。

持戒の人は、神々から敬われ、良い噂が世間にくまなく広まり、人々の中で人望が高く、諸の善神にいつも守られ、命終る時には心が動揺せず、すぐさま清浄なる世界に生まれかわる。

このように、現世でも来世でも利益が得られると説いています。なお、命終って生まれかわる清浄なる世界とは神々の世界です。どの経典にも五戒や八戒を守って命を終えると、その人は神々のいる天界に生まれると説かれています。

次に『大智度論』という仏教の百科事典にも、持戒する人が得るメリットがたくさん示されています。その中から五つだけを示します。

安楽に満たされ、その名前は遠くまで聞こえ、神々でさえも敬愛する
人々から敬い養われ、心は安らぎ後悔はなく、衣食に事欠かない
その名前は生前も死後も天界と人間界にくまなく行きわたる

人々が惜しむことなくその人に財物を施す
老苦、病苦、死苦から逃れることができる

また、中国・唐の時代、長安の都で活躍された善導《ぜんどう》大師は『観経疏』という書物の中で次のように語っておられます。

戒を修めることで精神は涵養されるので、苦しみも憂いもなくなり、その表情は和やかで喜びに満ちる。

わずかこれだけの短い文章ですが、ここに持戒のメリットが凝縮されています。戒の実践は、これを修める人の精神を養います。精神を養うからこそ、その人の日常的な行動にも表れ、結果的に自らの人格・人徳を高めることになります。人格・人徳が高まると、おのずから苦しみと憂いがなくなり、穏やかで喜びに満ちた表情になると言うのです。

さらに、江戸中期の増上寺の住職だった大玄も『円戒問答』の中で次のように述べています。

〔戒を修めると〕多く仏・菩薩・善神に護られ、天下は治まり、国家は安全、風雨も時節に順じ、五穀は豊かで、君臣・父子・夫婦・兄弟・朋友も仲良く、争いごとはなく、干ばつや戦争もなく、思いがけない病気や死難を避け寿命ものびる。こうした現世における利益は数えきれない。

以上が経典や論書に説かれた持戒によって得られる福徳・メリットです。これらはみな実体験から出た言葉なのでしょう。自分の人生を少しでも良くしたいと思うなら、このような利益がもたらされると信じて持戒してみることをお勧めします。

破戒のデメリット

では、その反対に破戒することにどのようなデメリットがあるのでしょうか。これを知っておくと、罪悪に対する抑止になります。

先の『大般涅槃経』には、持戒した者の福徳が説かれていましたが、それと同時に破戒した者が受ける禍についても以下のように説かれています。

破戒の人は、神々から憎まれ、悪い噂が広まり、好んで面会する人はおらず、人望はなく、善神に守護されず、臨終においては恐怖し、わずかな善にも心を寄せない。命終って地獄の苦に苛まれ、餓鬼や畜生にも生まれかわり、永遠に輪廻の苦しみから解放されることはない。

ここでもまた『大智度論』に示されている破戒のデメリットを示しておきましょう。全部で三〇近くが挙げられていますが、五つだけを紹介しておきます。

人から敬われず、その家には誰も近づかなくなる
人に愛されず、誰からも見向きもされなくなる
犯罪者のように、いつもびくびくして恐れている
なんの役にも立たず、苦しみから逃れることができない
壊れた舟のように、対岸（悟りの境地）に到達できない

いかがでしょうか。先人は自分たちが破戒したことで、こうした損害を被ったことを私たちに伝えているのです。そうした先人の声に耳を傾け、心に刻んでおくことが大切でしょう。
持戒すれば自分で自分の人生を良い方向に導くことになり、破戒すると自分で自分の人生を悪い方向に導くことになります。人生をすばらしいものにするか、それとも台無しにするか、つまり持戒するかしないかはあなた次第ということです。

現世が安穏になる理由

戒を持つことによって、なぜ現世を安心・安全・安穏にできるのでしょうか？　それは持戒することそのものが煩悩をコントロールできるようにプログラムされているからです。とりわけ貪欲・瞋恚・愚痴の

三つは最も厄介な煩悩です。これがあるうちは、決して安穏に暮らすことはできません。

殺生、偸盗、邪淫、妄語など、およそ罪悪と言えるどの行為も、飽くなき欲望（貪欲）、激しい怒りや憎しみ（瞋恚）、真理に対する無知蒙昧（愚痴）によって引き起こされています。つまり破戒行為はすべてこれら煩悩の仕業なのです。

たとえば、人を殺すという罪悪を例にしてみましょう。殺人は誰が考えても非道徳的な行為であることはわかっています。それにもかかわらず、なぜ人は人を殺してしまうのでしょう。それは、どうしても殺したいという欲望があり（貪欲）、激しい怒りと憎しみの感情を抑えられず（瞋恚）、殺した後に自分や関係者がどうなるのかもイメージできない無知蒙昧が原因です（愚痴）。こうした冷静さを失った感情が暴走した結果として起こります。

しかし、すでに述べた戒の理念や教えの通りに考え行動すれば、決して感情に流されず、理性を維持させることになります。不確かで失敗しやすい感情で行動することは危険です。一方、確実で失敗しない理性で行動すれば、私たちの暮らしは今以上に安心・安全・安穏になります。

そうした暮らしは、当たり前に用意されているものではありません。ちゃんと自分で自分を監視していなければ、あっという間に崩壊するほどに人の心は脆いものです。大切な自分を守るのは自分自身であることを忘れないようにしたいものです。

もう一度申します。自分の人生を守るために戒を守るのです。他人の人生や社会の利益のために守るのではありません。そして、戒を守るためには、まず戒を知らなければなりません。戒を知れば「備えあれば憂いなし」の心もちが生まれ、また「転ばぬ先の杖」として私の暮らしを支えてくれるはずです。

第四節　戒を持《たも》つ方法――戒は難行にあらず――

戒と聞くと、どうしても難行苦行というイメージを抱いてしまいがちです。それは漢字の意味が私たちをそのように導いてしまうからでしょうが、本来の意味はよい行為を習慣化するということですから、決して私たちの考えや行動を拘束し、自由を奪うような教えではありません。むしろこれを取り入れることにより、生活が合理的になって、より快適に感じられるはずです。ストレスもなくなるので、そのような戒の実践が難行苦行のはずがありません。もし難行であると感じたら、きっと間違った方法で持戒しているのでしょう。

食わず嫌い

ここまでは戒の理屈を解説してきましたが、そもそも仏教は理屈を理解するだけの机上の哲学ではありません。実践あってこそ仏教のよさが発揮されます。念仏であろうと、座禅であろうと、唱題であろうと、ごちゃごちゃ言わず、とにかく称える、座る、唱えることが重要です。ところが理屈を学ぶだけで、それに実践がともなわないことは、病人が薬の処方箋を記憶しただけで、服用しないことと変わりありません。医者を信じて渡された薬を飲むように、仏さまを信じて教えを実践すれば早く効き目が現れるはずです。

私の知る限り、「持戒など、自分には無理です」と言って諦める人には二つのタイプがあります。一つは徹底してやってみた結果、戒を持つことができないと素直に自覚する人で、もう一つは持戒は難行苦行だと思いこんで、やりもせずに最初から尻込みしてしまう人です。

法然上人は一戒ですら完璧に持つことはできないと吐露していますが、それは生涯にわたって完璧に持ち続けることは不可能という意味であって、だからと言ってその後の生涯で持戒を放棄したのではありません。多くの天皇、貴族、僧侶、庶民に戒を授けていたのは、戒を持つ効果をよく知っていたからです。ですから、「自分には無理です」と思いながら、それでもしぶとく実践する人は良いのです。問題なのは「食わず嫌い」です。「食わず嫌い」はダメです。とにかくやってみましょう。

さて、せっかく過去の仏教徒たちが遺してくれた知的遺産の戒でありながら、それをどう扱ってよいのか知らず、有効活用できないまま放置されてしまいがちです。そこで戒を持つ具体的な方法について、六項目に分けて以下に解説したいと思います。

善悪の基準を知る

まずは戒を知りましょう。戒を知るとは、その歴史と思想を知ることではありません。ただ仏教的な善悪の基準を知るだけです。戒を知っておけば、戒が苦しみや煩悩から自分を守ってくれます。そのために正式な授戒儀式を通して説戒師から教導してもらうのがよいでしょう。

さて、問題です。以下の二人のタイプのうち、どちらがましですか？　一人はそれが悪であると知りながら、なおその悪を行う人。もう一人はそれが悪であると知らずその悪を行わない人。前者は確信犯です。後者は善悪をそもそも知らない人で、しかも悪を行っていません。

きっと、後者のほうがましだと思うのではないでしょうか。ところが、『菩薩瓔珞本業経』は以下のように説いています。

戒を受けた後に罪を作る人は、戒を受けずに罪を作らない人よりもましです。なぜかと言えば、前者は菩薩になっているが（仏教徒）、後者はただの外道（非仏教徒）だからです。

これに従うと、戒を受ける人というのは何が善で何が悪かを知っている良識ある菩薩（仏教徒）ということになり、一方、戒を受けない人は仏教的な善悪の基準をまったく知らない外道（非仏教徒）ということになります。

ここでは罪を犯しているか否かよりも菩薩（仏教徒）であるか否かが優先されています。仏教的な善悪の基準を心得ている菩薩（仏教徒）は、たとえ罪を作ってもそれが罪悪であることを知っているので、心のどこかにしこりを残すことになります。「ああ、またやってしまった……」と。それは懺悔心であり、「もう二度と犯すまい」という誓いにつながる可能性があります。

仏教道徳としての戒に新旧盛衰はありません。社会の変動や価値観の多様化などに左右されない自己を作りあげることが重要です。そのために戒の基本をしっかりと熟知したいものです。

三聚浄戒を修める

その仏教的な善悪の基準となる戒が三聚浄戒でした。インドの大乗仏教以来、最も広く長く伝播している代表的な戒です。これが基本ですので、もう一度確認しましょう。

1摂律儀戒（悪しき行為をしない）

『梵網経』に説かれる十重禁戒を実践しましょう。その際に、「殺すな」「盗むな」という受動的な禁止や命令として理解するだけではなく、「殺さない」「盗まない」という自発的な意思を持って取り組むことが重要です。そして最終的には「殺せない」「盗めない」というところまで高まることが理想です。

2摂善法戒（善い行為を修める）

世間と出世間におけるあらゆる善根を行いましょう。とりわけ大乗仏教における菩薩の基本的実践である六波羅蜜、すなわち布施（自分の手元にあるものを与える）・持戒（仏教道徳を実践する）・忍辱（辱めに耐え忍ぶ）・精進（修行にはげむ）・禅定（精神を安らかにする）・智慧（聞思修につとめる）を修めることです。

3摂衆生戒（世のため人のために尽くす）

生きとし生けるものに慈・悲・喜・捨の四無量心（利他の心がけ）を起こします。その際に好き嫌い等で人を区別することがあってはなりません。

生きとし生けるものに布施・愛語・利行・同事の四摂法（利他の行い）を実践しましょう。ここでも四無量心と同じく、人を見て区別してはいけません。

随分持戒する

この三聚浄戒の内容を知っていても、わずか一つの戒すらも実践できそうにありません。しかし、できないからといって持戒を放棄すれば、それは菩薩（仏教徒）とは言えません。

では、どうしたらよいのでしょうか。それについて『菩薩瓔珞本業経』は「随分持戒《ずいぶんじかい》」を説いています。

一つの戒を受けるだけで一戒の菩薩と呼ばれます。二つ、三つ、四つ、そして十の戒を守れば、それぞれ二戒の菩薩、三戒の菩薩、四戒の菩薩、十戒の菩薩と呼ばれるのです。

わずか一〇種の戒（十重禁戒）であってもすべてを守りきることはできません。そこで、それぞれの能力や職業等の生活条件に応じて数を決めて持戒することを勧めています。これを「随分持戒」と言います。まずは自分にとって必要だと思う戒から始めてみましょう。その戒を守ることの目的は何か、それを守ると自分にどのような効果が現れるのかを自覚します。自覚できれば少しくらい破戒しても、またやり直せるものです。まずは〈やってみたい戒〉よりも〈やれる戒〉を、〈やれる戒〉よりも〈必要な戒〉を選んでみてください。

次に持戒する日数について。もちろん毎日行う習慣を身につけることが大切ですが、継続することができなければ、あらかじめ持戒する日時を決めておきます。

『梵網経』では六斎日《ろくさいにち》（毎月の八日・一四日・一五日・二三日・二九日・三〇日）に持戒することを勧めています。つまり、一日一夜（二四時間）の持戒を月に六日間だけするプチ修行体験です。ただ六斎日の風習は現在の日本では失われているので、それならば、お彼岸やお盆、それに大切な方のご命日など、各自が日時を定めて持戒してみるのです。それは「別時の持戒」になりますから、怠け心を防ぐ効果もあります。

まずは近い目標、あるいは小さな目標や少ない目標を設定します。越えられる程度の低いハードルから始めたらよいのです。持戒にあっては三日坊主でもかまいません。「あっ、三日坊主になってる」と気づくことができれば大丈夫です。

念戒する

仏教には阿含経典から大乗経典にいたるまで普遍的に説かれている六念（六随念）や十念（十随念）と呼ばれる伝統的な修行があります。六念とは念仏、念法、念僧、念戒、念施、念天で、十念とはこの六念に念休息、念安般、念身、念死を加えます。これらを心に念じることで、最終的には煩悩から離れることを目的とします。

この中に「念戒」が含まれています。文字通り戒の一々の条目に思いを寄せて心に念じる修行です。

『仏説斎経』という経典では、お釈迦さまが六斎日（前述）には八戒を持ちながら五つの思念を修めるべきことを勧めています。五つの思念とは、先の六念から念施を差し引いた念仏、念法、念僧、念戒、念天の五念です。つまり持戒するときには念戒することが求められていたわけです。

十重禁戒の中から自分の心に響く条目の名称と内容を覚え、それを念じたらよいのです。「南無阿弥陀仏」と声に出して称えるのが念仏ならば、この念戒も声に出して「不殺生、不殺生、不殺生……」「不妄語、不妄語、不妄語……」と繰り返し称えて心に刻みつけるのもよいでしょう。

皆さんには座右の銘があるでしょうか？　モットーでも好きな言葉でもかまいません。あるという方は、きっとそのような生き方を理想としてのことでしょう。そして時おりそれらを思い出しては反芻しているはずです。念戒もそれと同じことです。戒を念じ続けていれば、きっとその戒に定められているような生き方ができるようになります。

さて、浄土宗では右の十念（十随念）のうち、念死と念仏と念戒の三つの行を大切にしてきました。露のような命のはかなさを念ずればこそ（念死）、来世を心配して「南無阿弥陀仏」と称え（念仏）、お迎えが来るその日まで正しく生きようと戒に思いを馳せます（念戒）。つまり、念死が我われに念仏と念戒を促すように、これら三つの行はセットで修行することで、現世安穏（現世では安楽な暮らしができること）と後生善処（来世ではよい世界に生まれること）が叶うのです。

三業を慎む、三毒を抑える

さて、特定の戒の条目を念じる「念戒」すらできないと言うなら、まだ最後の手段があります。それは、「三業を慎む、三業を慎む……」と念じるか、あるいは「三毒を抑える、三毒を抑える……」と繰り返し念じます。

特定の戒の条目を知らなくても、その戒を念じることができなくても、このように「三業を慎む」「三毒を抑える」と心得ておくだけでも十分です。三業とは身業（身体行為）、口業（言語表現）、意業（心意作用）です。人間の活動のすべてがこの三業によってなされています。ですから何か行為をする時には「三業を慎む」を心に念じるだけです。

三毒とは我われの修行を邪魔する三つの煩悩で、心身を害する毒に喩えた表現です。貪欲（限りない欲望）、瞋恚（激しい怒り）、愚痴（真理・道理を知らない愚かさ）です。我われはいつもこうした煩悩に突き動かされて行動するので、さまざまな苦しみを受けます。だから「三毒を抑える」と心に念じることは悪を抑制することにつながります。

「三業を慎む」も「三毒を抑える」も、ともに十重禁戒を含むあらゆる戒を包括しています。これらを念じる際には、以下のようにイメージしてみるとよいでしょう。

〈貪欲に対して〉

・欲しい物より必要な物を優先しよう

・ない物を求めず今ある物を大切にしよう
・物質的な豊かさの中に本当の幸せはない

〈瞋恚に対して〉

・相手が批判してくる言葉には一々反応しない
・心に灯った怒りの炎はまず自分を焼き尽くす
・相手を許さなければ生涯苦しむのは自分だ

〈愚痴に対して〉

・すべては無常で無我であると受け入れよう
・無常だから執着せず今を大切に生きられる
・無我だからお互いに慈しみ合って生きられる

摂律儀戒だけにこだわらない

持戒という時は、主に「悪しき行為をしない」という摂律儀戒を想定しがちです。つまり「～してはならない」や「～しない」ということが持戒だと理解しがちです。しかし、すでに述べてきたように三聚浄戒は三つあるのですから、摂律儀戒はその三分の一の実践でしかありません。「よい行為を修める」の摂善法戒と、「世のため人のために尽くす」の摂衆生戒の実践も、同じように持戒であるということを忘れていませんか？

摂善法戒として積極的に世間と出世間の諸善を行うことや、摂衆生戒として社会貢献やボランティアなど、世のため人のために尽くす利他行（菩薩行）に専念することも持戒と言えるのですから、「戒」という漢字によって連想しがちな呪縛からみずからを解放し、断悪だけに限定してきた従来の先入観を捨ててください。

大切なのは、戒を守ることが目的ではないのです。仏教的な人格を高めることを目的としているのであって、持戒はそのための手段でしかないということです。これを忘れないでください。

齊藤　隆信（さいとう　たかのぶ）

1966年新潟県生まれ
佛教大学特別任用教員（教授）、知恩院浄土宗学研究所嘱託研究員、佛教大学法然仏教学研究センター研究員、浄土宗新潟教区榮凉寺住職

【著書】
『漢語仏典における偈の研究』（法藏館、2013年）、『中国浄土教儀礼の研究』（法藏館、2015年）、『円頓戒講説』（齊藤隆信研究室、2016年）、『善導浄土教要文集』（平楽寺書店、2018年）、『隋東都洛陽上林園翻経館沙門釈彦琮の研究』（臨川書店、2022年）

戒のある暮らし
――仏教の自分貢献マニュアル――

二〇二三年一一月二五日　初版第一刷発行
二〇二四年　六　月二五日　初版第二刷発行

著　者　齊藤隆信
発行者　西村明高
発行所　株式会社　法藏館
京都市下京区正面通烏丸東入
郵便番号　六〇〇-八一五三
電話　〇七五-三四三-〇〇三〇（編集）
〇七五-三四三-五六五六（営業）

装幀者　濱崎実幸
印刷・製本　亜細亜印刷株式会社

ISBN 978-4-8318-2461-5　C0015